momentos sagrados

Un manual para el resto de tu vida

Matthew Kelly

ISBN: 978-1-63582-264-9

Diseño de Ashley Dias

10 9 8 7 6 5 4 3 2 1

PRIMERA EDICIÓN

Impreso en los Estados Unidos de América

contenido

TERCERA PARTE: EL PLAN DIVINO

CUARTA PARTE: EL PODER DE UNA IDEA

prólogo

HABÍA UNA VEZ un monasterio en lo profundo del bosque. Estaba lleno de monjes, estaban llenos de alegría, esa alegría era contagiosa, y las personas viajaban desde muy lejos para visitarlo.

Un día, un joven preguntó al abad por qué la gente acudía al monasterio. «La mayoría viene en busca de respuestas a sus preguntas», explicó el viejo monje. El joven tenía curiosidad por saber qué tipo de preguntas hacía la gente. El abad continuó: «Vienen buscando respuestas a las mismas preguntas que todos los hombres y mujeres se plantean. ¿Qué debo hacer con mi vida? ¿Estoy desperdiciando mi corta vida? ¿Dónde encuentro el sentido? ¿Cómo puedo aprovechar al máximo la vida?».

El joven había recorrido una larga distancia para visitar el monasterio y, mientras se alejaba, el viejo monje se preguntó con qué pregunta se debatía el corazón del joven.

El tiempo pasó y la vida en el monasterio cambió. Al principio fue muy gradual. Un par de monjes se pusieron de mal humor. Poco a poco habían cerrado sus corazones a Dios y a los demás. Otros monjes se pusieron celosos. Un monje más joven era más guapo y popular entre los visitantes. Algunos monjes empezaron a discutir sobre cosas sin importancia, y el veneno de los chismes se coló en el monasterio.

Los visitantes se dieron cuenta de que, poco a poco, la vida en el monasterio se iba deteriorando. Percibieron que los monjes estaban perdiendo su alegría, notaron que los monjes no eran tan amables entre sí, y con el tiempo observaron que se impacientaban con sus visitantes.

Las estaciones se sucedían y cada vez llegaban menos visitantes al monasterio, hasta que un día la gente dejó de ir por completo.

El abad se levantaba cada mañana una hora antes que sus hermanos monjes y se sentaba en la capilla pidiendo a Dios que le diera la sabiduría necesaria para revitalizar el monasterio. Pero otro verano llegó y se fue, y en las profundidades del invierno más frío de la historia, una profunda tristeza se apoderó del corazón del viejo abad. Pensó que lo había intentado todo.

Durante cientos de años, la gente había acudido aquí en busca de una visión de Dios y el monasterio había prosperado. ¿Qué había hecho mal? La culpa y la vergüenza lo envolvían. La brecha entre su fe y su vida se había ampliado, y no sabía cómo cerrarla.

El primer día de la primavera, el abad anunció en el desayuno que dejaba el monasterio para hacer un viaje.

—¿A dónde vas? —preguntó el hermano Killian.

—Voy a visitar al ermitaño en las montañas para buscar su consejo sobre nuestra situación aquí en el monasterio.

Había un sabio ermitaño que vivía en las montañas

treinta millas al norte. La gente viajaba a las montañas para buscar su sabiduría. El ermitaño y el abad habían sido amigos de infancia, pero los otros monjes no lo sabían.

—¿Cuándo volverás? —preguntó el hermano Owen.

—En tres días —respondió el abad.

—¿Quién estará a cargo durante tu ausencia? —preguntó el hermano Fabián.

—Dejaré que lo decidan entre ustedes —dijo el abad. Sus palabras aún estaban en el aire cuando se desató la discusión.

Hubo un tiempo en el que los otros monjes se habrían preocupado de que el abad hiciera semejante viaje. Pero ya no se preocupaban por los demás, solo por ellos mismos. Hubo un tiempo en que uno de los otros se habría ofrecido a acompañarlo, pero esos días ya habían desaparecido.

El abad salió silenciosamente del monasterio y comenzó su viaje hacia las montañas. Caminando por el bosque, en esas primeras millas de su viaje, observó que su corazón estaba ansioso. Pero con cada milla que pasaba, se daba cuenta de que había una esperanza creciente en su corazón.

Al anochecer, llegó a un pequeño claro en las colinas y decidió pasar la noche allí. El viejo monje recogió un poco de leña, encendió un fuego, comió un poco de pan y queso y se dispuso a dormir.

En la noche se asustó con los aullidos de los lobos y los chillidos de los loros salvajes. Notó que su corazón palpitaba con fuerza, pero no tuvo miedo. No temía a la muerte, sino a la tortura de una vida sin sentido.

A última hora de la mañana siguiente llegó a la cueva del ermitaño. El ermitaño estaba de pie justo fuera de la cueva. Cuando el abad se acercó, dijo con alegría:

—¡Te estaba esperando! —y los dos hombres se abrazaron como si fueran hermanos perdidos.

—Tengo algo que preguntarte —dijo el abad.

—Lo sé, pero eso puede esperar —respondió el ermitaño—. Primero, quiero mostrarte algo.

El abad estaba poseído por una impaciencia que lo sorprendió, pero siguió a su viejo amigo.

Los dos hombres caminaron tranquilamente entre los árboles y al cabo de unos quince minutos tenían ante sí un hermoso lago. Era impresionante.

El ermitaño se sentó en una gran roca a la orilla del lago y el abad se sentó en una roca más pequeña a su lado. Estuvieron sentados en silencio durante más de una hora, y el abad sintió que una profunda paz surgía en su alma.

El lago estaba claro y tranquilo. La superficie era como el cristal, y el sol se reflejaba perfectamente en el agua como un disco dorado. El abad estaba hipnotizado.

Cuando el sol alcanzó su cúspide, el ermitaño comenzó a hablar:

—Un estanque tranquilo refleja el sol perfectamente. Dios es el sol. Tú eres el lago. Cuando tu alma está quieta y clara, reflejas la verdad, la belleza y la bondad de Dios a todos los que encuentras. A medida que avance el día, el viento se levantará, el lago se llenará de ondas y apenas podrás ver el reflejo del sol en el agua.

Al cabo de unos minutos, los dos hombres volvieron a caminar entre los cipreses hasta la cueva. Mientras se sentaban a tomar el té, el abad describió lo que había sucedido en el monasterio durante los últimos años. El ermitaño escuchó atentamente y, cuando el abad terminó, le hizo un puñado de preguntas aclaratorias.

—¿Qué viniste a pedir? —fue la última pregunta del ermitaño.

—¿Qué sabiduría tienes para nosotros? ¿Cómo podemos renovar el monasterio? ¿Cómo podemos servir mejor a la gente que viene a visitarnos? —preguntó el abad.

—Son tres preguntas —dijo el ermitaño con una sonrisa tan radiante que el abad tuvo que apartar la mirada—. Responderé a tus tres preguntas con una sola respuesta —continuó el ermitaño—. Vuelve y diles a los hermanos... que el Mesías está entre ustedes.

Y con eso, el ermitaño cerró los ojos y se sumió en una profunda meditación.

«El Mesías está entre nosotros, ¿qué puede significar eso?», murmuró el abad para sí mismo. Y mientras bajaba lentamente por las montañas, el significado de las palabras del ermitaño se arraigó en lo más profundo de su alma.

De regreso al monasterio, los monjes estaban cada vez más preocupados. El abad había dicho que estaría tres días por fuera y ya llevaba cinco. A la noche siguiente, cuando aún no había señales de él, comenzaron a discutir sobre la suerte que podría haber corrido el superior. A la mañana siguiente, el hermano Fabián sugirió insensiblemente que no volvería, ya sea porque había muerto en las montañas o porque las había abandonado por otra vida.

Justo cuando el sol se ponía aquella tarde, el hermano Bartolomé vio una figura que se acercaba al monasterio y gritó:

—Tenemos una visita—. No era un visitante. Era el abad.

Susurró suavemente a Bartolomé:

—Reúne a todos en la capilla.

El abad estaba radiante cuando se sentó ante toda la comunidad en un pequeño taburete de madera. Parecía diez años más joven. Los monjes no recordaban una época en la que pareciera tan vivo.

Contó a los demás monjes su viaje y compartió con ellos el mensaje que había recibido:

—Esto es lo que le pregunté al ermitaño: "¿Qué sabiduría tienes para nosotros? ¿Cómo podemos rejuvenecer el monasterio? ¿Cómo podemos servir mejor a la gente que viene a visitarnos?"

»El ermitaño me respondió: "Son tres preguntas. Responderé a las tres con una sola respuesta. Vuelve y diles a los hermanos... que el Mesías está entre ustedes"».

Los monjes se quedaron asombrados y boquiabiertos.

A partir de ese momento se miraron de forma diferente, pensaron en los demás de forma diferente, y empezaron a tratarse de forma diferente.

Los monjes se preguntaban día y noche quién era el Mesías entre ellos. ¿Sería Adrián, Bartolomé, Killian, Owen, Fabián, o era el propio abad? Y mientras los hermanos se preguntaban, comenzaron a tratarse con renovada amabilidad y un profundo respeto.

Con el paso del tiempo, el abad se dio cuenta de pequeñas cosas. Había un nuevo espíritu de cooperación. Los hermanos se alababan y animaban mutuamente, la compasión y el perdón volvieron a sus corazones, y fueron amables los unos con los otros.

Estas pequeñas cosas, estos Momentos Sagrados, insuflaron nueva vida a la comunidad. Los monjes florecían. El monasterio florecía. Incluso las flores del campo y las vacas del establo parecían más felices.

Y entonces un día sucedió. Los visitantes volvieron a aparecer. Al principio eran solo uno o dos visitantes como en el pasado. Pero luego trajeron a sus amigos y estos trajeron a otros.

Los que iban a visitar el monasterio se daban cuenta de que los monjes rebosaban de alegría. Percibieron que los monjes sentían una profunda reverencia por los demás. Y observaron la insaciable paciencia de los monjes con sus visitantes.

En pocos años, el monasterio había salido de la quiebra y prosperaba como nunca. Alrededor del monasterio surgió una aldea, y el monasterio se convirtió en el centro de la vida de los habitantes de la aldea. Los monjes amaban a la gente, la gente amaba a los monjes, y todos vivían juntos en armonía y felicidad.

Un sábado por la tarde, el viejo abad estaba sentado en un banco del patio mirando con gratitud hacia las montañas, cuando se acercó una mujer. Sentándose a su lado le preguntó:

—¿Qué pasó aquí?

El viejo monje esbozó su cálida sonrisa de complicidad y preguntó:

—¿Qué quieres decir?

—Este lugar se ha transformado por completo —explicó la mujer.

—No —discrepó suavemente el abad—, el lugar es exactamente el mismo. Son los monjes los que han cambiado.

—¿Cómo ocurrió? —preguntó ella.

—Empezamos a vivir como si el Mesías estuviera entre nosotros —respondió el abad.

La mujer reflexionó durante un momento y luego comenzó a llorar. El viejo monje la rodeó con su brazo para consolarla. Ella le contó su vida y sus problemas. La mujer compartió con él la pregunta que atormentaba su alma, y que la había impulsado a visitar el monasterio. Y se sentaron en silencio durante mucho tiempo.

—¿Qué consejo me darías? —preguntó la mujer, rompiendo el silencio.

Los dos se sentaron en silencio durante otro largo rato antes de que el anciano hablara, y entonces dijo:

—Trata a cada persona que conozcas como si fuera la segunda venida de Jesús disfrazado.

primera parte

Despertar

MÁS PARA OFRECER

Tienes mucho más que ofrecer. Lo sientes. Puede que lo sepas desde hace mucho tiempo. Es una verdad que persiste, esperando pacientemente a que le prestemos atención. Es un sentido del alma, y cuando tu alma siente algo así, nunca debe ser ignorado.

Puede que te encuentres pensando o diciendo... «Falta algo...».

«Debe haber más en la vida...».

«Tengo mucho más que ofrecer...».

Estas son verdades sagradas. Pero a menudo las tratamos como disfunciones humanas. Pensamos que algo está mal. Pensamos que necesitamos que nos compongan. Vemos estas verdades sagradas como problemas que hay que resolver, y eso es una tragedia.

Cuando experimentas estos anhelos, ¡algo está muy, muy bien! No estás funcionando mal. Nada podría estar más lejos de la verdad. Tu corazón, tu mente, tu cuerpo y tu alma están trabajando juntos para conseguir tu atención. Estos anhelos son señales asombrosas de que toda tu persona está funcionando maravillosamente.

Cuando sientes que te falta algo, que debe haber algo más en la vida, o que tienes mucho más que ofrecer, tu intuición nunca ha sido tan aguda. Reclama esto como verdades sagradas sobre ti mismo. Escúchalas y sigue lo que te digan.

Cada uno de estos anhelos es un llamado a vivir una vida más significativa, una invitación a vivir la vida al máximo, un llamado sagrado a convertirte en todo lo que fuiste creado para ser.

Ansiamos más porque hemos sido creados para más.

Tratamos de satisfacer esas ansias con actividades triviales y cosas sin sentido. Pero esta tontería solo nos deja exhaustos, insatisfechos y más hambrientos que nunca. Estas ansias testifican en tu corazón que fuiste creado para luchar por más.

Hacia el final de su vida, Miguel Ángel observó: «Lamento haber hecho tan poco por mi alma eterna y no haber hecho más que empezar a aprender el alfabeto de mi oficio». Tenía ochenta y ocho años y era sin duda un genio que había vivido una vida de asombrosos logros mundanos. Pero ¿cuál era su pesar? El cuidado del alma.

La ventaja que tienes sobre Miguel Ángel es que aún tienes tiempo para hacer algo al respecto. ¿Cuánto tiempo? Es imposible decirlo, pero no hay tiempo suficiente para perderlo. Así que empieza hoy mismo.

Tienes mucho más que ofrecer. Pero para contribuir más, para experimentar la vida de maneras nuevas y emocionantes, para lograr cosas mucho más allá de tus logros hasta ahora, y para descubrir quién eres realmente y para qué estás aquí en este mundo para contribuir, tienes que empezar a prestar más atención a las verdades sagradas que burbujean dentro de tu alma.

Estás hecho para más. Es hora de descubrir qué es ese «más». Los Momentos Sagrados sacarán a relucir tu potencial.

LAS DOS HAMBRES

¿Tienes hambre? ¿De qué tienes hambre? Todos tenemos hambre de algo. Saber de qué tienes hambre es sabiduría.

Los bosquimanos del desierto de Kalahari, en el sur de África, hablan de «las dos hambres». Está la Gran Hambre y la Pequeña Hambre. La Pequeña Hambre anhela la comida, mientras que la Gran Hambre, la mayor hambre de todas, es el hambre de significado.

«En última instancia, solo hay una cosa que amarga profundamente a los seres humanos, y es que se les imponga una vida sin sentido. No hay nada malo en buscar la felicidad. Pero es mucho más reconfortante para el alma algo más grande que la felicidad o la infelicidad, y es el sentido. Porque el sentido lo transfigura todo. Una vez que lo que haces tiene sentido para ti, es irrelevante que seas feliz o infeliz.

Estás contento». Esta fue la hermosa y profunda observación del autor sudafricano Laurens van der Post.

Pretendemos que nuestra hambre nos desconcierte. Intentamos alimentar nuestra hambre de mil maneras, pero aun así nuestra hambre permanece, porque solo se satisface con el sentido. No podemos prosperar sin sentido. Nuestra necesidad de sentido es tan urgente e incesante como nuestra necesidad de agua.

Ernest Hemingway vivía en París cuando intentaba triunfar como escritor. Era joven e inquieto, y escribió sobre los muchos anhelos que experimentamos. Esta fue su reflexión sobre un hambre persistente que no podía satisfacer: «Mi mujer y yo tuvimos una comida maravillosa en Michaud's, pero cuando terminamos y ya no había hambre, la sensación que había sido como el hambre cuando estábamos en el puente seguía ahí. Estaba ahí cuando volvimos a casa y después de acostarnos y hacer el amor en la oscuridad, estaba ahí. Cuando me desperté con las ventanas abiertas y la luz de la luna sobre los tejados de París, el hambre seguía ahí. Aparté la cara de la luz de la luna hacia la sombra, pero no pude dormir y me quedé despierto pensando en ello. Mi mujer dormía dulcemente ahora con la luz de la luna en su rostro. Tuve que intentar pensarlo bien. La vida me había parecido tan sencilla aquella mañana cuando me había despertado en la primavera...».

¿Tuviste alguna vez una noche así? ¿Dando vueltas en la cama, preguntándote por el propósito y la dirección de tu vida?

¿Tuviste alguna vez un hambre que no te satisface? Sospecho que todos la hemos tenido.

¿De qué tienes hambre en tu vida ahora mismo? ¿Lo sabes? Puede que no lo sepas, y no pasa nada. Lo descubriremos juntos. Pero sea cual sea tu hambre, más de lo mismo, más de lo que has intentado satisfacer hasta ahora no es la respuesta. ¿Estás abierto a probar algo nuevo?

UN MOMENTO DE CLARIDAD

Cuando tenía quince años, tuve un gran mentor espiritual. No sé cómo se habría desarrollado mi vida si no lo hubiera conocido. Pero es difícil imaginar que la vida hubiera sido tan fructífera o gratificante como lo ha sido.

Me animó a leer los Evangelios. Me enseñó a rezar. Me enseñó a cuidar a los pobres y a visitar a los solitarios. Me animó a leer grandes libros espirituales. Observó sin juzgarme mientras yo luchaba tontamente con Dios. Escuchó con paciencia mis preguntas, dudas, excusas y resistencias. Y tal vez, sobre todo, me animó a honrar esas verdades sagradas que estaban surgiendo en mi alma: algo falta, hay más en la vida, y tú tienes más que ofrecer.

Uno de los frutos de esta amistad fue un momento de claridad muy penetrante que ha definido mi vida.

Un día volvía a casa después de reunirme con él, cuando todo lo que habíamos hablado durante meses se unió en un solo pensamiento clarificador: *algunos momentos son sagrados, otros no lo son, y nuestras elecciones pueden guiar un momento en cualquier dirección.*

Fue un raro momento de claridad en un mundo caótico y confuso. También fue un momento de intensa alegría. Todavía puedo verme caminando por la calle. Sé exactamente dónde estaba en ese momento de despertar.

Todo lo bueno de mi vida ha estado relacionado con ese momento. Y todo el dolor y la decepción que me he causado a mí mismo y a los demás ha sido el resultado de abandonar la sabiduría que se reveló en ese momento.

Solo fue un momento. En ese momento me di cuenta de lo que era posible. En ese momento aprendí a colaborar con Dios y a crear Momentos Sagrados. Fue un momento de gracia como ningún otro. Y he pasado mi vida tratando de ayudar a otros a descubrir esa misma claridad y alegría. Es la única manera que conozco de expresar mi gratitud por las infinitas bendiciones que ese momento trajo a mi vida.

Fue un momento de despertar, un momento de realización, un momento de descubrimiento, un momento de claridad y un momento de pura alegría sin paliativos. Fue un Momento Sagrado.

Ahora es tu turno. Este es tu momento. El momento

en el que te das cuenta de que, a pesar de lo que ha sido tu vida hasta ahora, e independientemente de lo que hayas hecho en el pasado, lo que más importa es lo que haces a continuación.

CUANDO LA VIDA POR FIN TIENE SENTIDO

Una vez que descubrimos que algunos momentos son sagrados, otros no, y que nuestras elecciones pueden guiar un movimiento en cualquier dirección, la vida empieza a tener sentido.

Esto no es poca cosa. La mayoría de la gente del mundo secular moderno no puede encontrarle sentido a la vida. La cultura los ha exiliado de Dios, la religión y la espiritualidad. Así, cada día es un intento frustrado de armar el rompecabezas de la vida sin piezas cruciales. La vida nos desconcierta. Este desconcierto es profundamente personal, porque no solo estamos luchando por dar sentido a la vida en general, sino que estamos luchando por dar sentido a nuestras propias vidas.

Cuanto más desconectadas de Dios estén nuestras vidas, menos sentido tendrá la vida.

Los Momentos Sagrados dan sentido y propósito divino a nuestras vidas. El sentido es crucial para nuestra salud y felicidad. No podemos prosperar como seres humanos sin él. Y no podemos vivir una vida con sentido llenando nuestra vida con cosas triviales y actividades sin sentido. Los Momentos Sagrados resuelven el sinsentido de nuestras vidas.

Hay un momento al final de cada día, cuando recostamos la cabeza en la almohada. Nuestros cuerpos están cansados, nuestras mentes se relajan y nuestros egos se dejan ir. Es un momento de soledad. Si escuchamos con atención en ese momento, descubriremos dónde estamos. Dónde estamos con Dios, dónde estamos con los que amamos y dónde estamos con nuestro yo más verdadero. Ese momento nunca miente. Revela el sentido o el sinsentido de nuestras vidas.

El sentido une tu vida en un todo coherente. Conecta todos los aspectos de tu vida. Vivimos con más vigor y valor cuando somos capaces de conectar nuestra actividad diaria con el sentido y el propósito de la vida.

La simple verdad de que algunos momentos son sagrados y otros no, y que nuestras elecciones pueden guiar un momento en cualquiera de las dos direcciones, revela el profundo significado que contienen todos y cada uno de los actos humanos. Esta idea tiene el poder de dar sentido y propósito a cada momento de tu vida.

Los Momentos Sagrados inyectan significado a cada momento de tu vida.

¿QUÉ ES UN MOMENTO SAGRADO?

Hemos establecido que algunos momentos son sagrados, otros no lo son, y nuestras elecciones pueden guiar un momento en cualquier dirección.

Hemos establecido que nuestra capacidad para guiar los momentos hacia lo que es sagrado demuestra que todos y cada uno de los actos humanos contienen un profundo significado.

Ahora, exploremos exactamente cómo «nuestras

elecciones pueden guiar un momento», pues esta es la esencia de la colaboración con Dios para crear Momentos Sagrados.

La pregunta crucial es: ¿qué es un Momento Sagrado?

Un Momento Sagrado es un momento único en el que te abres a Dios. Te pones a su disposición. Dejas a un lado tus preferencias e intereses personales y, por un momento, haces lo que crees que Dios te llama a hacer.

Estos Momentos Sagrados, estas pequeñas colaboraciones con Dios, desencadenan la alegría pura y absoluta que experimenté por primera vez al volver a casa aquella tarde cuando tenía quince años. El mismo gozo puro y sin paliativos que está a punto de inundar cada rincón de tu ser.

Así que empieza hoy. Una de las cosas hermosas de esta idea es que puedes ponerla en práctica inmediatamente. No necesitas estudiarla durante años. No se necesitan calificaciones especiales. Esto demuestra por sí solo el poder del principio de los Momentos Sagrados.

Ya estás equipado para colaborar con Dios y

crear un Momento Sagrado. Las próximas páginas te enseñarán a reconocer las oportunidades para crear Momentos Sagrados en cualquier situación; te mostrarán cómo aplicar el principio en su vida diaria; te conectarán con el significado y el propósito de tu corta vida; e inundarán tus relaciones de bondad. Pero ya sabes todo lo que necesitas saber para empezar a activar los Momentos Sagrados en tu vida.

Puedes empezar hoy mismo.

Y esto es lo mejor. Si puedes colaborar con Dios hoy para crear un Momento Sagrado, puedes crear dos mañana, cuatro al día siguiente, y ocho un día más tarde. No hay límite en el número de Momentos Sagrados en los que puedes participar.

EL MOMENTO DE LA DECISIÓN

Si solo aprendes a dominar un momento en tu vida, aprende a dominar el momento de la decisión.

Todos tomamos decisiones. Esa es la parte fácil. Lo difícil de las decisiones es vivir con ellas. Todos nos arrepentimos. Todos hemos dicho y hecho cosas que haríamos de forma diferente si pudiéramos volver atrás en el tiempo. Sabemos que no podemos. Puede que hayamos hecho las paces con esas decisiones hasta cierto punto, pero aun así, en las horas de calma nos persiguen.

Si pudiera dar un solo consejo, sería este: toma decisiones con las que sea fácil vivir. Toma decisiones que puedas recordar con nostalgia, como haces con los mejores momentos con los mejores amigos.

La vida es una elección. Las tomamos constantemente. Pero ¿estamos eligiendo sabiamente? No nacemos siendo grandes tomadores de decisiones. Es algo que hay que aprender. La sabiduría de Momentos Sagrados te enseñará cómo convertirte en un gran tomador de decisiones.

Cuando tengas que tomar una decisión, consulta a tu yo futuro. Imagínate a ti mismo dentro de veinte años, mirando hacia atrás en este momento, y honra lo que tu yo futuro te aconseja hacer.

Un joven decidió un jueves por la noche atracar una tienda con sus amigos. Solo que algo salió terriblemente mal. La cajera acabó muerta y el joven fue condenado a cadena perpetua. Nunca tuvo la intención de usar el arma cuando la compró. Puso la pistola sobre el mostrador durante el robo y se disparó. Durante más de cuarenta años reprodujo ese momento una y otra vez en su mente. Quería saber qué había pasado, qué había fallado. Pero los recuerdos se desvanecen, y lo único que nos queda son las consecuencias de las decisiones que hemos tomado.

«Todos los días me acecha el remordimiento. Entonces tenía diecinueve años y ahora tengo sesenta y dos. Cuarenta y tres años, encerrado en una jaula. Algunos días puedo saborear el arrepentimiento en mi boca cuando me despierto. Otros días, casi consigo pasar todo el día, y entonces el más mínimo recuerdo desencadena otro, y ese recuerdo desencadena el arrepentimiento. Ese tipo de arrepentimiento, incluso después de todos estos años, es como si un gorila me golpeara en el estómago. Me pregunto una y otra vez: ¿por qué? No necesitaba el dinero. Quiero decir que no tenía dinero, pero realmente no lo necesitaba.

Solo éramos chicos siendo estúpidos en un mundo de adultos. Ojalá pudiera volver atrás y cambiar un solo momento de mi vida. Si hubiera cambiado esa única decisión, toda mi vida habría sido diferente. Ojalá pudiera volver atrás y hablar con el joven que era el día que compré esa pistola. Ojalá pudiera decirle a ese joven: "Quédate en casa esta noche". Pero no puedo».

Así es como suena el arrepentimiento. Tengo mis propios remordimientos. Todos los tenemos.

Los remordimientos nos enseñan que las elecciones tienen consecuencias. Los remordimientos revelan que debemos tomar mejores decisiones.

A los niños les enseñamos que las decisiones tienen consecuencias. Es una de las verdades fundamentales de la vida. Sin embargo, los adultos a menudo adoptan la locura temporal de imaginar que nuestras elecciones solo tendrán las consecuencias que pretendemos. Pero son las consecuencias imprevistas de nuestras elecciones las que a menudo causan estragos en nuestras vidas y en las de otras personas.

Las elecciones tienen consecuencias. Lo sabemos.

Pero dejamos a un lado esta verdad indiscutible para negar las consecuencias de nuestros momentos no sagrados. Pero al negar que nuestras elecciones tienen consecuencias, renunciamos a nuestro poder de crear Momentos Sagrados, y nos volvemos espiritualmente impotentes.

Cuando enseñamos a los niños que las elecciones tienen consecuencias, normalmente se hace hincapié en las consecuencias de las malas elecciones, mientras que a menudo se pasan por alto las poderosas y positivas consecuencias de las elecciones sabias.

Los Momentos Sagrados son elecciones con consecuencias poderosas y positivas. Los Momentos Sagrados son elecciones con las que es fácil vivir.

Es hora de empezar a llenar nuestras vidas de Momentos Sagrados. Si echas un vistazo a tu vida, las decisiones que te resultan más difíciles de vivir fueron momentos impíos. Y las decisiones que te resultan más fáciles de vivir, de las que te sientes orgulloso, las que aprecias, contenían la semilla de la bondad. Fueron Momentos Sagrados.

La toma de decisiones es una fuerza poderosa en nuestras vidas. Nuestras decisiones, literalmente, dan forma a nuestras vidas. Hacemos el futuro con nuestras elecciones.

Lo bonito de las elecciones es que tienes más por hacer. Las elecciones te han traído hasta aquí, pero si no te gusta el «aquí», todo lo que tienes que hacer es empezar a hacer elecciones diferentes.

Tus elecciones tienen poder.

Si alguien tuviera un poder increíble y lo utilizara para el mal, sería algo horrible. ¿Pero qué pasa si alguien tiene un poder increíble y no lo usa para el bien? También hay algo trágico y malo en eso, ¿no?

Ese alguien eres tú. Tú posees un poder increíble. Puedes elegir lo que es bueno y sagrado o puedes elegir lo que es impío y destructivo. Tus elecciones tienen poder.

EL RESTO DE TU VIDA

Entonces, déjame preguntarte: ¿qué vas a hacer con el resto de tu vida?

¿Más de lo mismo? ¿Seguir distrayéndote con tonterías sin sentido? ¿Centrarte en lo que puedes conseguir? ¿Seguir soñando con un cambio que sabes que nunca harás? ¿O estás por fin, de una vez por todas, dispuesto a hacer algo con la insatisfacción que te invade el alma?

Tienes una vida corta. Todos desperdiciamos una parte de ella. ¿Cuánto estás desperdiciando?

Si estás listo para un cambio, solo hace falta un puñado de Momentos Sagrados para inundar tu alma de alegría y mostrarte una nueva y emocionante visión del resto de tu vida.

Hay una hermosa historia en el Evangelio de Mateo en la que Jesús lleva a Pedro, Santiago y Juan a una montaña alta. Allí se transfiguró. Su rostro brilló como el sol y sus ropas se volvieron blancas como la luz. La definición de la transfiguración es un cambio completo de apariencia a un estado espiritual más hermoso. Cada Momento Sagrado es una minitrans-figuración. Los Momentos Sagrados nos permiten ver lo que es posible, aunque sea por un momento fugaz.

Cada Momento Sagrado revela lo que eres capaz de ser, y lo que eres capaz de ser es increíble.

Así que no dejes que tu pasado te robe tu futuro. Eres más que lo peor que te ha pasado. Eres más que la peor cosa que te ha pasado. Dios nunca está a más de una elección de distancia. Solo se necesita un Momento Sagrado para cambiar el momento de tu vida en la dirección correcta.

El resto de tu vida te está esperando. Estará llena de momentos. ¿Serán Momentos Sagrados o impíos? La elección es tuya.

segunda parte

Explicación de los Momentos Sagrados

UN ÍCONO DE LA BONDAD

Un hombre viajaba de Jerusalén a Jericó, cuando fue apresado por unos ladrones, que lo despojaron, lo golpearon y se fueron, dejándolo medio muerto. Por casualidad, un sacerdote iba por ese camino; y al verlo, pasó por el otro lado. Del mismo modo, un erudito que iba por el camino, cuando llegó al lugar y vio al hombre que yacía golpeado al lado del camino, apartó la vista y pasó rápidamente por el otro lado. Pero un samaritano que viajaba por la región vio al hombre y se acercó a él. Al ver que estaba desnudo y muy golpeado, el samaritano se compadeció. Tomó al herido en sus brazos, curó sus heridas con vino, las alivió con aceite, y luego las vendó. El samaritano montó al infeliz en su burro, lo llevó a una posada y se ocupó de él. Al día siguiente, sacó dinero de su bolsa, se lo dio al posadero y le dijo: «Cuídalo. Cuando yo regrese, te devolveré lo que hayas gastado».

El Buen Samaritano es legendario. Es un ícono mundial de la bondad. Es reconocido por creyentes y no creyentes.

Cada vez que alguien se desvía de su camino para ayudar desinteresadamente a los demás, especialmente a un extraño que lo necesita, nos referimos a esa persona como un buen samaritano. Incluso los medios de comunicación seculares utilizan el término.

El Buen Samaritano es el santo patrono de los Momentos Sagrados.

Lo que hizo el Buen Samaritano fue un Momento Sagrado espectacular. Pero es importante entender que su carácter estaba predispuesto a esa acción. Su alma se había preparado con cientos de opciones y decisiones antes de ese día. Su corazón estaba suavemente inclinado hacia las necesidades de los demás.

Los otros hombres que no se detuvieron a ayudar al forastero en apuros tenían sus razones para no hacerlo. Me pregunto hacia qué se inclinaba su corazón.

¿Está tu corazón inclinado hacia las necesidades de los demás? ¿O se inclina lejos de los demás?

El mundo necesita más buenos samaritanos. El mundo necesita más Momentos Sagrados. El mundo necesita que tú y yo colaboremos con Dios (y entre nosotros) para crear esos Momentos Sagrados.

CÓMO LLENAR TU VIDA DE MOMENTOS SAGRADOS

Probablemente estés deseando saber un poco más sobre los Momentos Sagrados, y específicamente, cómo puedes empezar a activarlos en tu vida. Ese es el Espíritu Santo que se agita dentro de ti. Nuestra hambre de bondad viene de Dios.

Vamos a desglosar un Momento Sagrado, línea por línea, concepto por concepto.

Un Momento Sagrado es un momento único en el que te abres a Dios. Te pones a su disposición. Dejas a un lado tus preferencias e intereses personales, y por un momento haces lo que crees que Dios te llama a hacer.

«Un Momento Sagrado es un solo momento».

La belleza de un solo momento es que no es excesivo. No es un día, una semana, un mes o incluso una hora entera. Es solo un momento. En ese momento descubres lo que eres capaz de hacer y lo que eres capaz de ser. Ambos descubrimientos te sorprenderán.

«...en el que te abres a Dios».

¿Estás abierto a Dios? A veces lo estamos y otras veces no. Podemos estar abiertos a Dios en algunas áreas de nuestra vida, pero cerrados a Él en otras. Los Momentos Sagrados nos dan la oportunidad de experimentar lo que es estar abierto a Dios al cien por ciento, porque no importa quiénes seamos o lo que hayamos hecho en el pasado, todos somos capaces de abrirnos al cien por ciento a Dios por un solo momento.

«Te pones a Su disposición».

Si quieres ver milagros, ponte a disposición de Dios. Cuando nos ponemos a disposición de Dios, ocurren cosas increíbles. A lo largo de la historia, Dios ha colaborado con las personas más improbables para hacer que sucedan cosas increíbles, y ahora Él quiere colaborar contigo. Dios casi nunca elige a la persona más cualificada o a las personas en posiciones de poder y autoridad. Dios elige a personas que nadie esperaría.

Cuando Dios busca a alguien con quien colaborar, elige a quienes se ponen a Su disposición. Él no ve tu pasado como un impedimento para tu futuro. El resto de tu vida comienza en el momento en que te pones a disposición de Dios.

«Dejas de lado las preferencias personales...».

Las preferencias personales son fantásticas. Preferimos ciertos tipos de comida, música, chocolates, películas, deportes, libros, animales y ciudades. Todos tenemos preferencias personales. Grandes cantidades de ellas. Pero nuestras preferencias no terminan aquí. Preferimos resultados específicos en muchas situaciones. Tenemos preferencias sobre lo que las personas dicen y hacen. Y todas estas preferencias pueden volverse egoístas y cegarnos a lo que es mejor.

Dios puede desear lo que tú deseas. La preferencia de Dios puede ser la misma que la tuya. Pero para averiguarlo, tenemos que dejar de lado nuestras preferencias personales, para poder mirar una situación a través de los ojos de Dios.

«Dejas de lado... el interés personal».

¿Por qué nos aferramos tanto al interés personal? Defendemos y perseguimos agresivamente el interés personal porque creemos que si no nos cuidamos a nosotros mismos nadie lo hará. Es el fruto del «sálvese quien pueda». Tiene sus raíces en la época medieval, habiendo aparecido por primera vez en *El cuento del caballero* de Chaucer a finales del siglo XIV, pero sigue profundamente arraigado en la cultura actual.

Este enfoque es una negación fundamental de la providencia de Dios. «Dios no se ocupará de mí, así que tengo que ocuparme de mí mismo», es lo que realmente proclama.

Dios está más comprometido con tu felicidad y

florecimiento que nadie. Pero conseguir lo que quieres no te hace feliz. Tú lo sabes y Dios nunca lo olvida. Lo que es bueno para ti es mejor que aquello que quieres.

Mientras más evolucionamos espiritualmente, más deseamos lo que es bueno para nosotros. Aprender a desear lo que es bueno para ti requiere ir más allá de tus preferencias e intereses personales. Esto es esencial para lograr la alineación entre los deseos de Dios y tus deseos. Y cada Momento Sagrado que creas con Dios fortalece esta alineación.

Puedes dejar de lado tus intereses personales. Dios siempre tiene en cuenta tus intereses. Pero ten en cuenta que solo estamos hablando de un solo momento. Sin embargo, cada vez que dejes de lado tu interés personal por un Momento Sagrado, descubrirás que eso es seguro y que tu confianza en Dios crecerá.

«...y por un momento...».

La idea que lleva a la mayoría de los adictos a recaer es la idea de que nunca podrán volver a «hacerlo». A los alcohólicos en recuperación se les enseña a no pensar en no volver a beber nunca más. Se les anima a tomarse la vida día a día. Los que tienen éxito con este enfoque se encuentran encadenando meses, años y décadas de felicidad y sobriedad recién descubiertas.

Estamos hablando de un solo momento. De Un Momento Sagrado. Ni siquiera estamos tomando la vida un día a la vez. Estamos tomando la vida un momento a la vez. Es esencial recordar esto en cada momento de nuestro viaje juntos.

Simplemente estamos tratando de descubrir lo que es posible en un solo momento. Una vez que comprendemos el poder y las posibilidades que tiene un solo momento, pronto nos damos cuenta de lo que podemos conseguir encadenando unos cuantos momentos.

«...haces... ».

Los Momentos Sagrados son activos, no pasivos. No ocurren sin más. Nosotros hacemos que ocurran en colaboración con Dios. Los elegimos. Un Momento Sagrado es una acción llena de gracia y dirigida por la oración.

«...lo que crees en oración...».

La acción guiada por la oración es poderosa. Busca

el consejo de Dios antes de actuar. El Espíritu Santo anhela asesorarte, aconsejarte y guiarte en cada momento de tu vida. Nunca he conocido a nadie que haya confiado demasiado en el Espíritu Santo, aunque yo a menudo confío muy poco en Él.

«que Dios te está llamando a hacer».

Dios te llama cada día a nuevas aventuras y oportunidades. A menudo las envía disfrazadas de oportunidades de Momentos Sagrados. El Espíritu Santo quiere guiarte con sabiduría en cada momento del día. Cuando escuchamos la voz de Dios, y hacemos lo que Dios nos llama a hacer, vivimos vidas profundamente satisfactorias y nuestras almas estallan de alegría.

Hay muchas cosas que no podemos cambiar en este mundo problemático. Cuando nos centramos en lo negativo, nuestra energía se agota rápidamente. Nos sentimos ansiosos, estresados, abrumados y agotados, porque es desmoralizante sentirse impotente. Pero no somos impotentes.

El poder de los Momentos Sagrados demuestra que somos lo contrario de la impotencia. El principio de los Momentos Sagrados nos enseña a centrarnos en el bien que podemos hacer. Esto nos da energía. Algunos momentos son sagrados, otros son profanos, y nuestras elecciones pueden guiar un momento en cualquier dirección. Esta es una verdad enormemente poderosa.

Deja que los Momentos Sagrados te muestren lo que es posible.

EJEMPLOS COTIDIANOS DE MOMENTOS SAGRADOS

¿Cuántas situaciones ves cada día que necesitan un Momento Sagrado?

Una de las cosas que me encantan de esta idea es lo universalmente práctica que es. Puede aplicarse a cualquier situación en todos los aspectos de nuestra vida. Hace poco, en un taller, pedí al grupo que elaborara una lista de los diez aspectos de la vida que más importaban. Esto es lo que se les ocurrió: salud, matrimonio y familia, trabajo, espiritualidad, vida familiar, finanzas, amistades, recreación, comunidad y crecimiento personal.

Los Momentos Sagrados pueden aplicarse a cada uno de estos aspectos de nuestras vidas, y mejorarán todos estos aspectos de nuestras vidas.

Los Momentos Sagrados nos hacen mejores esposos y esposas, padres e hijos, amigos y vecinos, hermanos y hermanas, colegas y ciudadanos. Los Momentos Sagrados nos hacen mejores seres humanos.

Por eso, dondequiera que vayas verás oportunidades para los Momentos Sagrados. Esto no es solo una teoría; puede activarse para mejorar todos los aspectos de nuestra vida.

Mi hijo Walter vino a mi oficina esta tarde para darme las buenas noches mientras yo trabajaba en este manuscrito. Me preguntó en qué estaba trabajando y le expliqué. «¿Has tenido algún Momento Sagrado hoy?», le pregunté. Pensó durante un minuto y luego respondió: «No estoy seguro». Ese mismo día lo llevé a casa y me dijo: «¿Crees que deberíamos parar a comprarle a Ralph unas donas?».

A Walter no le gustan las donas, pero a su hermano pequeño Ralph le encantan. Así que paramos y le compramos algunas. Entonces le dije a Walter: «Fue un Momento Sagrado el que tuviste al conducir a casa cuando sugeriste que le compráramos unas donas a tu hermano. Eso fue muy considerado, y estoy muy orgulloso de ti». Walter estaba radiante. Llegamos a casa y descubrimos que el pequeño Ralphie estaba teniendo un día difícil. Pero cuando su hermano mayor entró por la puerta y le dio las donas, sonrió, y pude ver que su ánimo empezaba a mejorar. Era una cosa pequeña. Una cosa muy pequeña. Y eso es lo que olvidamos, las pequeñas cosas pueden marcar una gran diferencia.

Veamos más ejemplos de la vida real de Momentos Sagrados.

John Miller descubrió que su vecino, tres casas más abajo, se había roto la pierna. No conocía a este vecino, pero el sábado, cuando estaba cortando su césped, se dio cuenta de que el césped de las tres casas de abajo estaba un poco alto. Así que, cuando terminó de cortar el suyo, bajó y cortó el césped de su vecino. Ese fue un Momento Sagrado.

Mary Wright pasa por el autoservicio para comprar café cada viernes por la mañana y paga por la persona que está detrás de ella. Cuando le pregunté por qué, respondió: «Supongo que por muchas razones. Tenemos que cuidarnos unos a otros. Muchas personas han sido generosas conmigo. Y necesitan saber que hay personas generosas y reflexivas en el mundo. Y en última instancia, creo que la consideración y la generosidad son contagiosas y pueden cambiar el mundo». Este es uno de los Momentos Sagrados de Mary. Y tiene razón: los Momentos Sagrados son contagiosos.

Lillian López pensó que iba a perder la cabeza por la actitud y el comportamiento de su hija adolescente. Había rezado durante meses pidiendo a Dios que hiciera algo, y resultó que Dios quería que Lillian hiciera algo. El siguiente domingo por la mañana, despertó a su hija a las siete y le dijo: «Prepárate; nos vamos en veinte minutos». Como puedes imaginar, eso no fue muy bien recibido. «¿Adónde vamos?», gritó su hija. «Te lo diré en el camino», respondió su madre. A principios de la semana, Lillian había comprado dos diarios encuadernados en cuero. No eran caros, pero el dinero era escaso, por lo que no los había comprado sin hacer un sacrificio. Lillian llevó a su hija a su restaurante favorito. Después de pedir, le acercó uno de los diarios a la mesa. «¿Qué es esto?», preguntó su hija. «Es el libro de tu vida», respondió Lillian. «Un lugar para escribir tus sueños y esperanzas, un lugar para planificar, y un lugar para garabatear cuando el garabateo es lo que mejor te ayuda a pensar en tu futuro». Los ojos de su hija comenzaron a llenarse de lágrimas. Fue un Momento Sagrado. «Entonces, ¿cuáles son tus sueños?», le preguntó Lillian a su hija. Hablaron durante casi dos horas sobre las esperanzas y los sueños de su hija para su vida, y ella empezó a escribirlos en su diario. Entonces, la hija de Lillian se fijó en el segundo diario. «¿Cuál es el otro diario?», le preguntó a su madre. Ese fue otro Momento Sagrado. «Es mi libro de la vida», respondió Lillian. «Es hora de que yo también empiece a soñar de nuevo».

Joan Binzer trabajaba en una empresa de tarjetas de felicitación. A menos de cinco millas de la empresa había una prisión con cuatrocientos hombres; eran los peores delincuentes entre todos. Joan había trabajado en esta empresa durante trece años, y cada mañana, al pasar frente a la prisión, se preguntaba por los presos, y por lo que les había ido mal en la vida. Como madre, no podía dejar de pensar en lo difícil que debía ser para las madres de ellos. Al llegar mayo de ese año, Joan tuvo una idea. Se dirigió a su jefe y le dijo: «¿Qué tal si para nuestro proyecto de servicio comunitario de este trimestre llevamos algunas tarjetas y sellos del Día de la Madre a la prisión para que los presos se las envíen a sus madres?». El jefe de Joan le dijo que lo consultaría con la cárcel y que se pondría en contacto con ella. A la semana siguiente le dijo a Joan que el director de la prisión estaba muy agradecido y respaldaba la idea. Así que Joan y nueve de sus colegas fueron a la prisión con doscientas tarjetas del Día de la Madre, pensando que no todos los presos querrían participar. Rápidamente se vio que su suposición era totalmente errónea. Antes de que Joan ayudara a una docena de presos a elegir una tarjeta para sus madres, le habían preguntado siete veces: «¿Estaría bien si me llevo dos?». Joan finalmente se atrevió a preguntar a uno de los presos: «¿Cómo se llama, señor?». «¡Jimmy Johnson, señora!», respondió él. «¿Por qué quiere dos, Jimmy?», preguntó Joan. «Bueno, mi madre hizo lo mejor que pudo, pero tenía sus propios problemas, así que me crio principalmente mi abuela. Así que, si a ustedes les parece bien, ¡también le enviaré una a mi abuela!». Joan tuvo que emplear todas sus fuerzas para no romper a llorar. Ese día había cuatrocientos reclusos en la prisión, y todos ellos escribieron una tarjeta del Día de la Madre. Fueron cuatrocientos «Momentos Sagrados». De hecho, Joan y su empresa acabaron enviando 657 tarjetas del Día de la Madre para los reclusos.

Tony Harris descubrió algo sobre sí mismo: que es un oyente muy impaciente. Siempre está deseando intervenir, interrumpir y hacer algo. Durante los últimos cuatro años, ha intentado conscientemente ser un oyente más paciente. Son muchos Momentos Sagrados de paciencia. «Solo con centrarme en cambiar este horrible hábito que he desarrollado a lo largo de mi vida, me doy cuenta de que soy más paciente con mi mujer, mis hijos, mis compañeros de trabajo, mi pastor, los desconocidos que se cruzan en mi camino, incluso con las personas que realmente me irritan». Los Momentos Sagrados no se pueden contener. Llegan a todas las relaciones y aspectos de nuestra vida.

Anastasia Petrov es una inmigrante rusa y enfermera. «Me encanta Estados Unidos», me dice sonriendo esta mujer de sesenta y dos años. Hace unos años, a otra enfermera del hospital le dio cáncer y tuvo que ausentarse del trabajo. Anastasia no la conocía muy bien, pero sabía que tenía tres hijos y que necesitaba trabajar. La política del hospital permitía a la enfermera disfrutar de seis semanas de incapacidad con sueldo, pero después de eso su ausencia del trabajo era sin sueldo. Un día, durante el almuerzo, Anastasia escuchó a algunas enfermeras hablar de hacer uno de esos proyectos de financiación en línea para ayudar. «¡Podemos hacerlo mejor!», dijo Anastasia a sus colegas. Todas se volvieron y la miraron sorprendidas. Anastasia era una mujer tranquila. Sabía escuchar. Pasaban muchos descansos a la hora del almuerzo sin que ella dijera una sola palabra. Tal vez fuera solo su personalidad, o quizá el resultado de haberse criado en Rusia bajo el peso del comunismo. «¿Qué quieres decir?», le preguntó finalmente una de sus compañeras. «Todo el mundo quiere a Jane [la enfermera con cáncer]. Siempre está haciendo cosas buenas por la gente». Cada enfermera tiene tres turnos de doce horas a la semana. Lo único que tenemos que hacer es encontrar tres enfermeras cada semana que se ofrezcan a hacer un turno extra». Las demás enfermeras la miraron con asombro y admiración. «Yo organizaré los horarios», añadió Anastasia. Y así lo hizo. Cada semana, mientras Jane estaba incapacitada, Anastasia encontraba tres enfermeras que hicieran un turno extra para que Jane pudiera seguir cobrando su sueldo completo. Supe esto por Sophia, otra enfermera del hospital. «¿Cuánto tiempo estuvo Jane sin trabajar?», le pregunté. «¡Tres años!», respondió Sophia con una sonrisa. «Anastasia es una santa», continuó. Hablando de Momentos Sagrados. Creo que Anastasia provocó unos diez millones de Momentos Sagrados durante el almuerzo de ese día.

Los Momentos Sagrados tienen muchas formas y tamaños. Estos son algunos de los ejemplos más cotidianos:

Controla tu temperamento, aunque esté plenamente justificado si te descontrolas.

Reza antes de tomar una decisión.

Anima a alguien, capacita a alguien, elogia a alguien, afirma a alguien.

Sé paciente con esa persona que te vuelve loco. Haz algo que te ayude a convertirte en una mejor versión de ti mismo, incluso cuando no lo quieras.

Presta toda tu atención a quien tienes enfrente.

Eso es un Momento Sagrado.

Comienza cada día con una breve oración de gratitud.

Descubre a alguien que esté haciendo algo bien y elógialo.

Pasa por alto una ofensa contra ti.

Sal de tu camino para hacer que la nueva persona se sienta bienvenida.

Toma el auto de tu cónyuge y llénalo de gasolina.

Interésate por alguien: pregúntale por lo mejor de su día; pregúntale por sus sueños.

Regala a alguien un libro que le cambie la vida.

Defiende a alguien que está siendo acosado o maltratado.

Escribe una carta de amor.

Limpia el desorden aunque no lo hayas hecho tú.

Expresa tu agradecimiento a alguien que te ayuda.

Reza por las personas que están teniendo el día más difícil de sus vidas en este momento.

Enséñale a alguien sobre los Momentos Sagrados. Una forma fácil de hacerlo es regalar a alguien un ejemplar de este libro. Enseñar a alguien sobre los Momentos Sagrados podría desencadenar miles de Momentos Sagrados. Te enviaremos el libro. Solo tienes que visitar HolyMomentsBook.com y solicitar seis ejemplares gratuitos de este libro para compartirlos con otras personas. Imagina cuántos Momentos Sagrados provocará en la vida de una persona al presentarle esta idea.

Todos estos son ejemplos de Momentos Sagrados cotidianos. Hay algunas historias increíbles aquí, pero los Momentos Sagrados vienen en todas las formas y tamaños, y la mayoría de ellos son pequeños y anónimos. Lo importante es la constatación de que los Momentos Sagrados son posibles. No solo para otras personas, sino para ti. Es un descubrimiento sorprendente.

Todos los días verás oportunidades de Momentos Sagrados. Estas oportunidades están literalmente en todas partes. Hay una manera de responder a cada situación que la transforma en un Momento Sagrado. Y no hay nada más satisfactorio que colaborar con Dios para crear Momentos Sagrados.

Los Momentos Sagrados te harán increíblemente feliz.

¿POR QUÉ LOS MOMENTOS SAGRADOS NOS HACEN TAN FELICES?

Sentirse bien es algo increíble. No debería ser nuestra meta en la vida, pero sentirse bien tiene su propósito. Dios inventó el sentirse bien por una razón.

Las cosas que nos hacen sentir bien a menudo nos atraen hacia la máxima expresión de nuestro potencial como seres humanos. Esos sentimientos buenos son migas de pan diseñadas para conducirnos hacia lo que es moralmente bueno y bueno para nosotros. Cuando hacemos lo que es bueno para nosotros y lo que es moralmente correcto, experimentamos una innegable sensación de plenitud. Las últimas sensaciones de bienestar provienen de alinear nuestras vidas con lo que es bueno, verdadero, correcto, justo y noble.

Los Momentos Sagrados nos hacen sentir bien. Nos hacen increíblemente felices. No lo estás imaginando, y no es solo metafórico. Cada Momento Sagrado es un acto de generosidad, y los científicos han descubierto que la generosidad libera tres hormonas que son fundamentales para que el ser humano florezca.

La primera es la serotonina. Esta regula la felicidad y el estado de ánimo en general.

La segunda es la dopamina. Es la responsable de que experimentemos placer, satisfacción y motivación.

Y la tercera es la oxitocina. Es la hormona que se libera durante el parto, las relaciones sexuales, la lactancia, el ejercicio físico, al abrazar, al tomar de la mano, al escuchar música y al compartir una comida con amigos.

Los Momentos Sagrados liberan oxitocina en el torrente sanguíneo, induciendo sentimientos de calidez, euforia y conexión con los demás. Los Momentos Sagrados provocan literalmente un aumento natural de oxitocina, y esa es una de las razones por las que se siente tan bien colaborar con Dios para crear Momentos Sagrados.

Estas tres hormonas creadas por Dios son tan poderosas que nos permiten experimentar la alegría incluso mientras sufrimos. Esto explica por qué, incluso desde la cárcel, el apóstol Pablo escribió más sobre la alegría que sobre cualquier otro tema. Aceptémoslo, algunos Momentos Sagrados se producen con un gran sacrificio personal. La satisfacción derivada de los Momentos Sagrados puede incluso superar el sufrimiento físico. Las mujeres experimentan un fenómeno similar durante el parto.

Los Momentos Sagrados también tienen una gran cantidad de efectos positivos en nosotros. Aumentan los sentimientos de confianza, optimismo y la sensación general de que nuestras vidas se mueven en una dirección positiva. Los Momentos Sagrados también nos liberan de la sensación de impotencia. Los Momentos Sagrados nos hacen pasar de un estado pasivo (esperando que ocurra algo bueno) a un estado activo (haciendo que ocurra algo bueno).

Hemos sido creados maravillosamente. La forma en que todo nuestro ser responde a la creación de Momentos Sagrados nos anima a crear más; y con cada Momento Sagrado te vuelves más perfecto, tus relaciones se vuelven más saludables y contribuyes a una sociedad más positiva.

Los Momentos Sagrados hacen florecer a todo el mundo, en todas partes, en todos los sentidos de la palabra. Por tanto, es natural que nos hagan felices.

TU MAREMOTO DE BONDAD

Los Momentos Sagrados son una de las fuerzas más poderosas de la tierra. Un Momento Sagrado aparentemente insignificante puede producir un maremoto de bondad.

No hay actos pequeños. Ningún acto impregnado de bondad puede considerarse pequeño. Cada acto de bondad desencadena más bondad. Cada acto, por pequeño que sea, pone en marcha una reacción en cadena de Momentos Sagrados. Nunca sabes quién será impactado por la sucesión de Momentos Sagrados que inicias. Tus Momentos Sagrados producirán un tremendo efecto dominó.

Lo sé. Lo creo. Lo he visto. Lo soy.

Comencé este libro mencionando brevemente a uno de mis mentores espirituales. Él me animó a profundizar en las posibilidades de la vida. Esos Momentos Sagrados fueron el catalizador que comenzó al otro lado del mundo, en Australia.

Ese hombre desencadenó un maremoto de bondad. Me inspiró y, a su vez, todas las personas que han leído mis libros, han asistido a mis presentaciones o han visto mis videos en YouTube se han visto inspiradas por el efecto dominó. Su marea de bondad se ve fácilmente en mi vida pública como autor y orador. Pero su oleada de bondad también ha tenido un profundo impacto en mi vida personal. Mis amistades, mi matrimonio, la crianza de los hijos, la participación en la comunidad, las relaciones con los colegas y los simples Momentos Sagrados en los que participo cada día han sido tocados por su bondad. Él invirtió en mí y la evidencia de la bondad que puso en marcha está en todas partes en mi vida.

Mi vida ha desencadenado un maremoto de bondad en todo el mundo. Esto puede sonar orgulloso y arrogante. No lo es. Sé quién lo ha hecho posible. No estoy confundido sobre a quién pertenece el crédito. Fue una colaboración con Dios y muchas otras personas. Puedo alegrarme de haber participado en ello, pero atribuirme el mérito con orgullo sería una tontería.

Mis padres y maestros, hermanos y amigos, entrenadores y pastores, todos ayudaron a poner en marcha esta ola de bondad. Yo fui el beneficiario de sus Momentos Sagrados.

A veces, cuando tengo unos momentos libres en un aeropuerto, miro las pantallas donde aparecen todas las ciudades. Puedo ver las caras de las personas de cada ciudad que ayudaron a que esto sucediera. No puedo describir la sensación. Mi corazón estalla de asombro y gratitud en esos momentos, y mientras me doy la vuelta y me dirijo a mi vuelo, susurro una oración por todas esas personas y sus familias.

Sé que la bondad de Dios es el catalizador esencial en cada Momento Sagrado. Y, sin embargo, es importante reconocer que he desempeñado un papel en todo ello, porque reconocerlo muestra a los demás lo que es posible.

Pero déjenme decirles la mejor noticia de todas. Soy débil y roto, frágil y herido. He cometido errores horribles en mi vida. He tomado caminos equivocados y los he agravado con arrogancia y terquedad. He sido egoísta. He antepuesto mis deseos a las necesidades de los demás. Ha habido muchos momentos impíos en mi vida. Pero los momentos profanos de nuestro pasado no nos impiden crear Momentos Sagrados en el futuro.

¿Por qué todo esto es una buena noticia? Porque demuestra que tú también puedes desatar un maremoto de bondad con tu vida.

¿Cómo empezar? Comienza de la misma manera para cada persona, con un Momento Sagrado. ¿Cómo continuar? Con un Momento Sagrado cada vez.

tercera parte

El Plan Divino

¿QUÉ TE DA ESPERANZA?

Escribir es tener esperanza. Mi principal esperanza al escribir este libro era convencerte de una cosa: que los Momentos Sagrados son posibles. Sabía que si lograba convencerte de ello, tu vida cambiaría. A veces un lector dice: «¡Tu libro me ha cambiado la vida!». Es hermoso y humilde escucharlo, pero el peligro es pensar que el libro es el milagro. El verdadero milagro es la vida cambiada.

Los Momentos Sagrados son posibles. Si esta afirmación es cierta, muchas otras cosas son posibles.

Hay un momento asombroso en la historia épica de Víctor Hugo, *Los miserables*. El personaje principal es un hombre llamado Jean Valjean. Liberado de la cárcel después de diecinueve años de trabajos forzados por robar una barra de pan, está amargado, enojado y resentido con todo el mundo. Una noche toca una puerta en busca de comida. El dueño lo acoge en su casa para compartir una comida y pasar la noche.

Valjean devuelve esta generosa hospitalidad robando la vajilla de plata de su anfitrión. La policía lo captura al día siguiente y lo lleva de regreso para que devuelva los cubiertos. Pero el anfitrión de Valjean protege a su huésped ladrón, diciéndole a la policía que los cubiertos eran un regalo. Este acto de bondad, este momento sagrado, libera a Valjean de todas las formas imaginables.

El anfitrión de Jean Valjean era un anciano obispo, un verdadero hombre de Dios. Sabía que los Momentos Sagrados tenían el poder de rescatar a las personas del miedo y del odio y devolverlas a Dios.

Este encuentro con el obispo es la primera vez en décadas que Valjean es tratado con amor, compasión y cariño. Lo cambia para siempre.

Fue un momento de atención tierna. El obispo

no veía a Valjean como un ladrón y él no se veía a sí mismo como un obispo. Solo vio a dos hermanos. En ese momento no le importaba nada más que lo mejor para Jean Valjean. Fue, en efecto, un Momento Sagrado.

Este momento de amor fraternal desencadenó un efecto dominante de bondad. Como resultado de la bondad del obispo, el efecto de ese Momento Sagrado, Valjean desencadena una asombrosa oleada de Momentos Sagrados dondequiera que vaya durante el resto de su vida. Estos Momentos Sagrados afectan a miles de vidas y transforman toda una ciudad.

Valjean estaba desesperado. Devastado por el odio y la injusticia, habiendo sufrido tanto a lo largo de su vida, había perdido la fe en sí mismo, en los demás, en Dios y en la sociedad. Un hombre le devolvió la esperanza en un momento, y Jean Valjean pudo cambiar y convertirse en un símbolo universal de redención y esperanza.

Al igual que en *Los miserables*, hay mucha desesperanza en el mundo actual. Como Jean Valjean, muchas personas han perdido la esperanza. Desanimada y confundida, demasiada gente se siente desgraciada.

¿Qué te da esperanza? Esta es una de las preguntas más frecuentes en mis viajes por el mundo. Al principio no me di cuenta, pero a medida que la pregunta se repetía, empecé a prestar atención a quién la hacía. Descubrí que, por lo general, era gente buena la que perdía la esperanza.

Ahora he hecho la pregunta a cientos de personas: ¿qué te da esperanza? A lo largo de los años, desde que empecé a hacer esta pregunta, me he dado cuenta de que la gente tarda más en responder. Y, por desgracia, cada vez hay más personas que no tienen ninguna respuesta. La esperanza se ha evaporado de la vida de muchas personas.

¿Qué es la esperanza? Es la creencia de que hay cosas buenas por delante. Es una combinación de deseo y expectativa. Es la confianza en que algo maravilloso es posible.

Cuando caemos en la desesperanza, incluso nuestra capacidad de desear cosas buenas disminuye, y todas nuestras expectativas se vuelven negativas.

Hay un número creciente de personas que han perdido la esperanza en nuestra sociedad. Devastadas por la crueldad y la injusticia, habiendo sufrido de muchas maneras, han perdido la fe en sí mismos, en la humanidad, en Dios y en la sociedad. Al igual que Jean Valjean, necesitan el tierno roce de un Momento Sagrado.

¿Cuál es la diferencia entre tener esperanza y no tenerla? Cuando tenemos esperanza, creemos que el futuro puede ser mejor que el pasado y que hay cosas que podemos hacer para contribuir a ese futuro mejor. La esperanza nos da poder.

Cuando perdemos la esperanza, dejamos de creer que el futuro puede ser mejor, y empezamos a creer que no hay nada que podamos hacer sobre nuestra situación. Esta mentalidad de víctima nos lleva a la desesperanza, que nos hace sentir que hasta las cosas más pequeñas son imposibles.

Los Momentos Sagrados nos recuerdan que el futuro puede ser mejor que el pasado. Nos llenan de esperanza. Nos muestran que tenemos un papel vital que desempeñar en la consecución de ese futuro mejor. Los Momentos Sagrados nos permiten dar a los demás el regalo de la esperanza, y la capacidad de dar esperanza a otras personas es profundamente hermosa.

Cualquier cosa que pueda dar esperanza a la gente tiene un valor infinito. Los Momentos Sagrados son algo así.

EL MUNDO ES UN DESASTRE

El mundo es un desastre. Podría citar estadísticas, pero no es necesario. Tu propia experiencia confirma esta triste verdad.

Me preocupa el mundo en el que crecen mis hijos. Me angustia pensar en el mundo que recibirán nuestros nietos si seguimos por el camino que lleva nuestra sociedad.

¿Qué ha pasado? ¿Cómo se ha llegado a esto? La respuesta corta: momentos impíos. La respuesta incómoda: nuestros momentos impíos. Los tuyos, los míos, los de todos, desde Adán y Eva. Esta simple verdad nos obliga a reconocer nuestra responsabilidad personal.

Lo triste es que cada momento impío nos hace menos de lo que fuimos creados para ser, y cada momento impío hace que el mundo sea un desastre un poco mayor. Cuando abandonamos nuestro destino, nos perjudicamos a nosotros mismos y a los demás, hacemos que la felicidad sea imposible y dejamos tras nosotros un rastro de daños colaterales.

Somos la causa de la mayoría de los problemas del mundo. Es una verdad contundente, pero una verdad al fin y al cabo. Somos los creadores de gran parte de nuestra propia miseria y la causa de gran parte de la infelicidad de otras personas.

El mundo es un desastre, no se puede negar, pero podemos hacer algo al respecto. Y si hay algo que los Momentos Sagrados anuncian con audacia es esto: «Puedes hacer algo al respecto». Así es, puedes hacer algo al respecto. No te subestimes, ¡Dios no lo hace!

Los Momentos Sagrados son la solución a los

problemas del mundo. Esta gran colaboración entre Dios y la humanidad es la solución no probada de nuestros problemas. Los momentos no santos nos metieron en este lío y solo los Momentos Sagrados nos sacarán de él.

EL ENGAÑO DEL PROGRESO

«El mundo es un desastre desde hace mucho tiempo», es la excusa de algunos. «El mundo siempre será un desastre», es la excusa de otras personas. Puede que el mundo sea siempre un desastre, pero eso no significa que no debamos esforzarnos por hacerlo un poco menos desordenado.

Una cosa está clara: lo que estamos haciendo no funciona y necesitamos un nuevo enfoque.

Durante muchísimo tiempo hemos estado bajo el hechizo del engaño del progreso. El engaño del progreso es la creencia errónea de que el cambio y el progreso son lo mismo. Todo cambio no es progreso.

¿Qué es el progreso? Mejorar el bienestar de los seres humanos. ¿Cuál es el objetivo del progreso? El florecimiento humano. Pero no todos los que proponen el progreso tienen como objetivo el florecimiento humano. Algunos están más interesados en los logros personales, el poder político y las ganancias económicas que en conseguir el mayor bien para el mayor número de personas.

Se han conseguido muchas cosas buenas en nombre del progreso. Por ejemplo, una mayor esperanza de vida, la reducción de la mortalidad infantil, la ampliación del suministro de alimentos, el abastecimiento de agua potable en gran parte del mundo y el acceso a la educación y la sanidad. Pero el abuso de los trabajadores, la explotación de las naciones más pobres, las atrocidades devastadoras de la guerra, el genocidio y la extorsión medioambiental también se han perpetrado bajo la bandera del «progreso».

También nos hemos apresurado a declarar la victoria en nuestra búsqueda del progreso. Pensemos en los teléfonos que llevamos en el bolsillo. Estamos más comunicados que nunca y esto se considera progreso, pero ¿tenemos mejores relaciones? Unas mejores relaciones serían el florecimiento humano. Pero incluso el observador más desprevenido llega a la conclusión de que estos dispositivos han causado estragos en nuestras vidas y relaciones.

Si el objetivo del progreso es mejorar el bienestar de las personas y lograr el florecimiento humano, ¿cómo puede considerarse progreso algo que deshumaniza a las personas?

Las redes sociales son otro ejemplo. Se han relacionado con la ansiedad y la depresión causadas por el aislamiento. Esto es exactamente lo contrario de lo que dicen hacer. Pretenden mejorar nuestras relaciones, cuando en realidad las destruyen y deshumanizan a las personas en el proceso.

Al igual que un adicto al juego, exageramos nuestras ganancias e ignoramos nuestras pérdidas en nuestra supuesta búsqueda de progreso.

Aclamamos nuestro último avance tecnológico como un éxito rotundo, pero hay verdades incómodas que confrontan nuestras pretensiones de progreso. Mil millones de personas en nuestro planeta padecen hambre crónica. Este es el término aséptico que utilizamos para evitar decir que se mueren de hambre. Dos mil millones de personas no tienen agua potable en sus hogares. Veinte personas son víctimas de violencia doméstica cada minuto. Una de cada tres de nuestras hijas e hijos es agredida sexualmente antes de los treinta años. Alguien es asesinado cada minuto. Y todo esto antes de considerar los estragos de la guerra y la degradación del medio ambiente.

Estos hechos sugieren que nuestras suposiciones, no comprobadas, sobre el progreso continuo son exageradas o se basan en resultados erróneos. Estos hechos perturbadores también nos remiten a que cuando se trata de la familia humana y de la vida en este planeta, hay un principio esencial: nuestros destinos están vinculados.

Pero el mayor fracaso de este supuesto progreso es espiritual. El verdadero progreso lleva al florecimiento de toda la persona humana, no reduce a las personas a herramientas económicas o animales sociales. La estirpe deformada de progreso que se defiende en nuestra sociedad actual ha causado la aniquilación espiritual de generaciones de hombres, mujeres y niños. Este genocidio espiritual es un crimen contra la humanidad y, por lo tanto, cualquier cosa menos progreso.

Tal vez sea hora de reconsiderar todo nuestro enfoque del progreso.

Todo progreso implica un cambio, pero no todo cambio es progreso. El cambio es inevitable, el progreso no. La historia lo demuestra repetidamente con la desaparición y extinción de civilizaciones enteras. El cambio puede conducir con la misma facilidad al estancamiento, la regresión, el deterioro y la extinción. Estas alternativas dejan claro que discernir el camino que conduce al verdadero progreso es uno de los grandes retos a los que se enfrenta toda sociedad (y toda persona).

Nuestra capacidad para afrontar este reto depende de nuestras cualidades morales y espirituales. A muchos les gustaría creer que el progreso depende únicamente de nuestra capacidad intelectual para innovar y que nuestro carácter moral es irrelevante para la búsqueda. Esto simplemente no es cierto. Para mirar más allá de nuestros propios intereses egoístas y mirar hacia el bien común, con el objetivo de lograr el mayor bien para el mayor número de personas, el carácter moral no solo es necesario, sino que es esencial. La idea de que el progreso genuino sea realizado por personas moralmente indiferentes es una locura.

La agresividad de la cultura hacia la moralidad y el desprecio de todo lo espiritual serán los principales obstáculos para el progreso de la sociedad a partir de este momento. Un pueblo confundido sobre la diferencia entre lo correcto y lo incorrecto, lo bueno y lo malo, lo justo y lo injusto, se aferrará a cualquier cosa que prometa progreso y se encontrará rebotando de un olvido a otro.

La determinación de lo que hará florecer a la sociedad empieza por reconocer lo que hace florecer a un ser humano individual.

Nuestras vidas solo mejoran realmente cuando crecemos en la virtud. La virtud de la paciencia mejora nuestras vidas. Mejora nuestras relaciones. Dos personas pacientes siempre tendrán una mejor relación que dos personas impacientes. Lo mismo ocurre con la generosidad, la perseverancia, la compasión, la humildad y el valor. Crecer en la virtud conduce a la expansión personal y espiritual que son las características del florecimiento humano.

No se puede mejorar la vida de manera significativa sin mejorar como ser humano. Y lo que es cierto para una persona es cierto para toda una sociedad. La virtud es la única manera de que una sociedad progrese realmente.

Las virtudes son los bloques de construcción del carácter. «El carácter es el destino», dijo el filósofo griego Heráclito. Esto es cierto para una persona, un matrimonio, una familia, una comunidad, una nación y, de hecho, para todo el colectivo humano. El carácter es la excelencia moral y ética, se construye una virtud sobre otra, y de él depende el progreso de la raza humana.

Consideramos que la ciencia, la tecnología, la educación y el crecimiento económico son los campeones del progreso. Cada uno de ellos tiene un papel que desempeñar, pero su éxito en la consecución del florecimiento humano depende de la virtud y el carácter de las personas que impulsan estas iniciativas.

La gente sigue insistiendo en el progreso, pero tal vez deberíamos considerar un nuevo enfoque. ¿Qué es lo que hará posible el florecimiento humano que el progreso promete, pero que rara vez ofrece? Los Momentos Sagrados. ¿Cuál de nuestros problemas no se resolvería si pudiéramos convocar suficientes Momentos Sagrados?

La próxima gran ola de progreso será el fruto de nuestra compasión, generosidad, amor, paciencia, amabilidad, disciplina, gentileza, perdón, empatía y amistad. No la tecnología. No la economía. No la innovación. No la política. El progreso que necesitamos a toda costa solo se logrará con los Momentos Sagrados.

NECESITAMOS UN NUEVO ENFOQUE

Necesitamos un nuevo enfoque si queremos resolver los problemas del mundo y aliviar el dolor que tantas personas experimentan a diario. Y aunque este nuevo enfoque sea nuevo para nosotros, es antiguo. Los Momentos Sagrados son tan antiguos como el propio tiempo.

Nuestra inclinación hacia lo nuevo y lo diferente es tan fuerte que pasamos por alto lo probado y lo verdadero. Nuestro amor desenfrenado por la idea del progreso nos aleja de las soluciones antiguas a los problemas intemporales.

Lo que necesitamos es la conciencia espiritual para reconocer las oportunidades de los Momentos Sagrados y la inteligencia espiritual para llevarlos a cabo. Esto es lo que conduce a vidas significativas, relaciones enriquecidas y un mundo mejor para todos.

Los expertos coinciden en que la Inteligencia Emocional (IE) está desapareciendo de nuestra cultura a un ritmo alarmante. Ha quedado claro que la Inteligencia Emocional predice mejor el éxito que el Coeficiente Intelectual (CI), tanto a nivel personal como profesional. Son descubrimientos importantes.

Pero ¿cuándo comenzaremos la épica conversación que nuestra cultura tanto necesita en torno a la Inteligencia Espiritual (IE)?

La espiritualidad proporciona las herramientas necesarias para desarrollar la empatía, el temperamento, el control de los impulsos, las relaciones sostenibles, la responsabilidad social, el liderazgo auténtico y la capacidad para resolver problemas.

El futuro del mundo depende literalmente de que la humanidad acceda a su Inteligencia Espiritual. Pero la abolición de Dios, la religión y la espiritualidad de la cultura secular moderna, y la priorización del conocimiento sobre la sabiduría, nos ha dejado en un lugar de desesperada pobreza espiritual.

«Ningún problema puede ser resuelto desde la misma conciencia que lo creó», fue la observación de Albert Einstein. Necesitamos una nueva conciencia espiritual. La conciencia material que nos metió en este lío no nos sacará de él.

La política, la economía y la tecnología siempre fracasarán a la hora de abordar nuestros mayores retos, porque existen en el plano inferior de la conciencia material donde se crearon los propios problemas. Las soluciones que necesitamos a toda costa solo pueden encontrarse en el plano espiritual superior de la conciencia.

Es hora de dejar de buscar soluciones mundanas a los problemas espirituales.

¿Debemos participar enérgicamente en el proceso político? Absolutamente, pero con una clara comprensión de sus limitaciones. ¿Debemos buscar con valentía una equidad unitaria en nuestras leyes? Por supuesto, pero no olvidemos nunca que las leyes son necesarias allí donde falla nuestra humanidad.

Nuestra decencia y humanidad deben garantizar que los niños no se acuesten con hambre, que los ancianos tengan los cuidados que necesitan, que los enfermos sean atendidos y que los jóvenes reciban educación.

La ley es un pobre sustituto del amor. Las leyes toman el relevo donde nuestro amor se queda corto. Las leyes nos obligan a hacer lo que deberíamos hacer voluntariamente. Las leyes no pueden legislar el amor, y solo el amor puede llevarnos del estado actual de las cosas al mundo en el que todos queremos vivir.

Un gobierno no es más capaz de resolver los problemas más acuciantes de nuestro tiempo que de criar a un niño o sanar un matrimonio con problemas.

El papel de un gobierno está limitado por el Coeficiente Intelectual, la Inteligencia Emocional y la Inteligencia Espiritual de los ciudadanos que ponen en marcha ese gobierno, y por la virtud y el carácter de los hombres y mujeres que lo componen.

Nuestra expansión espiritual, tanto personal como colectiva, es esencial. Los Momentos Sagrados facilitan esa expansión espiritual y al mismo tiempo transforman el mundo. Cuando el Buen Samaritano se detuvo a ayudar, no se limitó a vendar las heridas del forastero, sino que cambió todo el mundo de ese hombre.

Los Momentos Sagrados cambian el mundo. Puede que te sientas inclinado a rechazar esto por considerarlo idealista, pero si resistes la tentación durante unas pocas páginas más, creo que te demostraré que es cierto.

¿Cuál de los problemas del mundo no se resolvería con los Momentos Sagrados? Puede que no se solucionen hoy, y puede que se tarde más de lo que preferiríamos, pero a largo plazo los Momentos Sagrados son la forma más eficaz de resolver nuestros problemas de forma sostenible.

El mundo necesita buenos samaritanos. El mundo necesita Momentos Sagrados. Puede que sea una solución antigua, pero es la solución que funciona. Nunca se ha probado ni se ha demostrado que no funciona.

El mundo necesita desesperadamente un cambio. En eso estamos de acuerdo. La verdadera pregunta es: ¿qué vas a hacer tú al respecto?

EL PODER DE
LOS MOMENTOS SAGRADOS

A lo largo de este libro he utilizado varias veces la palabra *florecer*. Significa crecimiento y desarrollo vigorosos. El significado del diccionario es útil, pero como muchas cosas, sabemos algo cuando lo vemos.

En mi mesa hay una planta. Sus anchas hojas son verdes, ricas en nutrientes, y brillan bajo el sol. Está floreciendo. Lo sé con solo mirarla. Está llena de vida. Mis hijos están jugando en el patio. Puedo oír sus chillidos de alegría y sentir su energía mientras me siento aquí a escribir. Están llenos de vida. Están floreciendo.

Las plantas y los niños lo hacen sin esfuerzo. Sus instintos naturales los llevan a florecer. Nosotros, los adultos, tenemos que volver a aprender el arte de florecer. Los Momentos Sagrados nos enseñarán si se lo permitimos.

Hay mucho que todavía tenemos que aprender sobre nosotros mismos. El poder que posees para crear Momentos Sagrados es un ejemplo perfecto.

Todos hemos oído frases como «efecto dominó», «efecto mariposa», «efecto bola de nieve» y «efecto compuesto». Cada uno de estos fenómenos es asombrosamente poderoso, y sin embargo, tómalos todos, multiplícalos por el infinito, y tendrás apenas una visión del poder contenido en cada Momento Sagrado.

Un día, cuando Dios nos invite a entrar a su biblioteca para leer sus libros de historia, veremos que es así. Ese día descubriremos que los actos aparentemente insignificantes, los más pequeños actos de bondad, los actos de generosidad que pasan desapercibidos, ponen en marcha una serie de acontecimientos que han marcado todo el curso de la historia de la humanidad.

El efecto onda comienza con una sola onda, el efecto dominó con una sola ficha, y así sucesivamente. Pero hemos sido seducidos por lo espectacular, por lo que despreciamos lo pequeño como insignificante. Los Momentos Sagrados suelen ser pequeños y sencillos. Por eso descartamos la idea de que puedan transformar nuestras vidas y cambiar el mundo. Tenemos un prejuicio contra las cosas sencillas, aunque haya genialidad en la sencillez. Tenemos un prejuicio contra lo pequeño, pensando que lo más grande siempre es mejor.

Y debido a esto, cuando la vida nos ofrece una opción, estos prejuicios nos llevan a menudo a tomar malas decisiones. El siguiente ejemplo ilustra la cuestión. Supongamos que alguien te ofrece la posibilidad de elegir entre un millón de dólares hoy o un solo centavo que se duplicara cada día durante 31 días, ¿qué elegirías tú? La mayoría de las personas se inclina inmediatamente por el millón de dólares. Pero si eliges la moneda que se duplica cada día durante 31 días, tendrás más de diez millones de dólares. 10.737.418,24 dólares para ser exactos.

Es una ilustración divertida. Pero las consecuencias de este efecto compuesto cuando se aplica a los Momentos Sagrados son aún más profundas y de mayor alcance. Tanto es así, que no hay lugar en el mundo, ni situación en la sociedad, ni parte de nuestras vidas, que los Momentos Sagrados no puedan alcanzar y transformar.

El efecto mariposa sugiere que cada acción, por pequeña que sea, tiene un efecto en el mundo que la rodea. Es una teoría científica que se ha explicado con la idea de que una mariposa que bate sus alas en tu barrio podría causar un tifón en el otro lado del mundo.

Ahora bien, sabemos que un solo acto, como el batir de las alas de una mariposa, no puede causar directamente un tifón. Sin embargo, los pequeños actos pueden ser el catalizador que ponga en marcha una reacción en cadena que conduzca a resultados enormes.

Esta teoría puede parecer abstracta, pero experimentamos el efecto mariposa en el comportamiento humano todo el tiempo. Veamos un ejemplo práctico.

Bruce Dunn perdió su cartera. Una niña de trece años llamada Amanda la encontró y se la devolvió. Bruce sacó dos billetes de cien dólares de su cartera y se los entregó a Amanda con las instrucciones: «Gasta uno en ti misma y gasta el otro en otra persona».

No pensó mucho en ello hasta que, cuatro meses después, alguien le envió una foto que había visto en Internet. Las personas que aparecían en la foto sostenían carteles que decían: «Gracias Bruce Dunn».

Bruce se quedó atónito. Era un grupo de personas en Honduras. Amanda tenía una tarea en la escuela para estudiar la vida en un país más pobre y había elegido Honduras. En la época en que Bruce le dio el dinero un huracán había azotado ese país, así que Amanda eligió un pueblo en un mapa y se puso en contacto con una iglesia de ese pueblo. Les contó la historia y les envió el dinero. Con 100 dólares pudieron organizar una fiesta para todo el pueblo. La foto era el pueblo dando las gracias.

«¿Cómo llamas eso?», le pregunté a Bruce cuando me contó la historia. «No lo sé», dijo, «pero lo he hecho varias veces y siempre me sorprende lo que sucede».

«Yo lo llamo donación de un Momento Sagrado», dije. Él sonrió. Desde que escuché su historia, yo mismo he hecho un par de donaciones de Momentos Sagrados. Cada uno tiene una historia y es divertido ver cómo se desarrolla.

Cada Momento Sagrado aumenta la bondad y la buena voluntad en el mundo.

¿Qué es la buena voluntad? La buena voluntad es una actitud amistosa, cooperativa y servicial. La buena voluntad puede marcar la diferencia en una relación. Una relación guiada por una actitud amistosa, cooperativa y servicial es radicalmente diferente de una relación atormentada por lo contrario. Y el mundo entero es un conjunto de relaciones. Una relación se multiplica con la siguiente, una relación se acumula con otra.

Vas caminando por la tienda de comestibles y alguien te sonríe. Una ráfaga de alegría te atraviesa, le devuelves la sonrisa y empiezas a brillar. Tu respuesta puede parecer incluso involuntaria, y eso es porque es muy natural. Lo hacemos sin reflexionar, sin instrucciones, sin pensar conscientemente, porque somos así cuando estamos en nuestro mejor momento. La sonrisa de la otra persona se alimenta de la bondad y la alegría que ya hay en ti.

Sonreír a alguien es un momento sagrado. La sonrisa es contagiosa. Los Momentos Sagrados son contagiosos. Cada Momento Sagrado inspira otro.

El efecto mariposa de los más pequeños Momentos Sagrados es asombroso.

Cada colaboración con Dios da un fruto inimaginable. Moisés liberó a los israelitas en colaboración con Dios. María dio a luz a Jesús colaborando con Dios. El niño de los cinco panes y los dos peces alimentó a miles de personas en colaboración con Dios.

Tú también puedes colaborar con Dios. Y si colaboras con Dios para crear un Momento Sagrado hoy, nunca se sabe quién será tocado por la cadena de acción que se desencadena. Es imposible predecir a dónde llevarán estos Momentos Sagrados, pero llevarán a alguna parte. Los Momentos Sagrados nunca mueren. Cada expresión de bondad vive para siempre. Encuentra la manera de vivir en otras personas, en otros lugares y en otros tiempos. Así es como las personas imperfectas colaboran con Dios para rehacer el mundo.

Esta es una breve fábula que ilustra este punto.

Una familia británica fue un verano a Escocia de vacaciones. La madre y el padre buscaban disfrutar de la hermosa campiña escocesa con su hijo.

Pero un día el hijo se alejó solo y se metió en problemas. Mientras caminaba por el bosque, encontró un pozo de agua abandonado y, como hacen la mayoría de los niños de su edad, se quitó la ropa y se metió en él.

No estaba preparado para lo que ocurrió después. Antes de que tuviera tiempo de disfrutar del agua, le sobrevino un terrible ataque de calambres. Comenzó a pedir ayuda mientras luchaba contra los calambres para mantenerse a flote.

Afortunadamente, un joven de una granja estaba trabajando en un campo cercano. Al oír los frenéticos gritos de auxilio, rescató al niño inglés y lo puso a salvo.

El padre del niño rescatado estaba, por supuesto, muy agradecido. Al día siguiente, fue a ver al joven que había salvado la vida de su hijo. Mientras hablaban, el inglés le preguntó al valiente muchacho qué pensaba hacer con su futuro.

El chico respondió:

—Seré agricultor como mi padre.

El agradecido padre le dijo:

—¿Hay alguna otra cosa que prefieras hacer?

—¡Ah, sí! —respondió el muchacho escocés—. Siempre he querido ser médico. Pero somos pobres y nunca podríamos pagar la educación.

—Eso no importa —dijo el inglés—. Tendrás el deseo de tu corazón y estudiarás medicina. Haz tus planes y yo me encargaré de los gastos.

Así, el muchacho escocés se convirtió efectivamente en médico.

La leyenda de esta fábula dice que años después, en diciembre de 1943, Winston Churchill (el chico inglés) enfermó de neumonía mientras estaba en el norte de África. El niño escocés (Sir Alexander Fleming) le salvó la vida por segunda vez. Esta vez con un nuevo medicamento que Fleming había inventado, el primer antibiótico, la penicilina. Dos años después, bajo el liderazgo inquebrantable de Churchill, Gran Bretaña y sus aliados derrotarían a Hitler y a los nazis, acabando con el régimen más diabólico de la historia.

Nunca sabes hasta dónde llegarán tus Momentos Sagrados.

LA LECCIÓN DE
MATEMÁTICAS DE DIOS

¿Cuántas veces has pensado en los Momentos Sagrados desde que empezaste a leer este libro? ¿Cuántas oportunidades has aprovechado para crear Momentos Sagrados? ¿Cuántos Momentos Sagrados has presenciado?

Hay algo en el concepto que es tan poderoso que el simple hecho de tomar conciencia de él proporciona una nueva lente para ver la vida. Es vigorizante, energizante y lleno de esperanza.

Sin embargo, si te pidiera que salieras a crear un millón de Momentos Sagrados, te sentirías abrumado. Este sentimiento probablemente te llevaría a concluir que es imposible crear un millón de Momentos Sagrados. Pero ¿realmente lo es? Eso depende de la clase de matemáticas que tomes.

¿Podemos cambiar el mundo? La mayoría de las

personas creen que es imposible. Creen que la cultura se ha vuelto demasiado poderosa y que nada de lo que podamos hacer la alterará. Yo no lo creo, y esta es la razón. Se llama el principio de la Multiplicación Espiritual.

¿Qué es la Multiplicación Espiritual? Es un método que el propio Jesús eligió como fundamento de su ministerio, y la estrategia que puso en marcha para cambiar el mundo.

Se basa en una idea muy simple: invertir en un pequeño grupo de personas, enseñándoles cómo crear Momentos Sagrados, y luego empoderarlos para que salgan y hagan lo mismo con otro pequeño grupo de personas.

Estas son las dos colaboraciones que cambiarán el mundo: colaborar con Dios para crear Momentos Sagrados, y colaborar con Él de nuevo para enseñar a otras personas a crear Momentos Sagrados.

¿Cuántas personas se necesitan? Tres. Eso es todo lo que se necesita. Tres personas. Si cada persona que leyera este libro se comprometiera a enseñar a otras tres personas a crear Momentos Sagrados, cambiaríamos el mundo.

Mi sueño es desencadenar un maremoto masivo de Momentos Sagrados, levantando un increíble movimiento de base para transformar nuestra cultura, un Momento Sagrado a la vez.

Tu misión es crear Momentos Sagrados en tu propia vida y enseñar a otras tres personas los Momentos Sagrados. Todo lo que necesitas para hacerlo está en este libro. Puede parecer demasiado poco para tener un impacto real, puede parecer que te llevaría una eternidad, pero no una vez que entiendas la lección matemática de Dios. Echemos un vistazo a la estrategia divina conocida como Multiplicación Espiritual.

Tú eres una sola persona: (1)

Les enseña a otras tres personas acerca de los Momentos Sagrados: $1 + (1 \times 3 = 3) = 4$

Y esas 3 nuevas personas enseñan cada una a otras 3 personas: $4 + (3 \times 3 = 9) = 13$

Y esas 9 personas nuevas enseñan cada una a tres más $13 + (9 \times 3 = 27) = 40$

Y así sucesivamente...

40 + (27 x 3 = 81) = 121

121 + (81 x 3 = 243) = 364

364 + (243 x 3 = 729) = 1093

1093 + (729 x 3 = 2187) = 3280

3280 + (2187 x 3 = 6561) = 9841

9841 + (6561 x 3 = 19 683) = 29 524

29 524 + (19 683 x 3 = 59 049) = 88 573

88 573 + (59 049 x 3 = 177 147) = 265 720. Esa es toda la ciudad de Arlington, Virginia.

265 720 + (177 147 x 3 = 531 441) = 797 161

797 161 + (531 441 x 3 = 1 594 323) = 2 391 484.

Esto es más gente que la que vive en Filadelfia y Austin juntas.

2 391 484 + (1 594 323 x 3 = 4 782 969) = 7 174 453

7 174 453 + (4 782 969 x 3 = 14 348 907) = 21 523 360.

Eso es más que toda la población de Nueva York, Chicago y Los Ángeles.

21 523,360 + (14 348 907 x 3 = 43 046 721) = 64 570 081. Hay 195 países en el mundo, esto es más que la población de 57 de esos países juntos.

64 570 081+ (43 046 721 x 3 = 129 140 163) = 193 710 244

193 710 244 + (129 140 163 x 3 = 387 420 489) = 581 millones. Eso es casi el doble de la población de Estados Unidos. Y eso solo en 18 ciclos.

581 130 733 + (387 420 489 x 3 = 1 162 261 467) = 1.750 millones

1 743 392 200 + (1 162 261 467 x 3 = 3 486 784 401) = 5.200 millones

5 230 176 601 + (3 486 784 401 x 3 = 10 460 353 203) = 15.700 millones

Actualmente hay menos de 8.000 millones de personas en el planeta. Se necesitarían menos de 21 ciclos para alcanzar a toda la población mundial. Solo un ciclo más y se alcanzaría a toda la población de los próximos 100 años. Ese es el poder de la Multiplicación Espiritual.

El principio de la Multiplicación Espiritual es real, es poderoso, y demuestra cómo personas como tú y yo podemos cambiar el mundo colaborando con Dios.

Este es el poder de las matemáticas de Dios. El

mundo tiene problemas, nadie está en desacuerdo con eso. Los Momentos Sagrados y la Multiplicación Espiritual son la respuesta.

Es hora de que todos dejemos de sacar excusas y nos animemos a descubrir lo que es posible. Es tu turno, y mi turno. Es hora de hacer nuestra parte, de renovar nuestro compromiso de caminar con Dios, de crear Momentos Sagrados, de convertirnos en la mejor versión de nosotros mismos, y de rezar para que Dios nos guíe hacia las tres personas con las que quiere que compartamos la sabiduría de los Momentos Sagrados.

«Solo soy una persona, ¿qué puedo hacer?». Esta es una excusa común. Desterrémosla de nuestros corazones y mentes. Tú puedes hacer tu parte. ¿Puedes cambiar el mundo tú solo? No. Pero no dejes que lo que no puedes hacer interfiera con lo que sí puedes hacer. Haz tu parte. Eso es todo. Haz tu parte.

No dejes que tu parte se quede sin hacer. Así es como el mundo llegó a ser un desastre. Las personas como tú y yo dejaron que su pequeña parte en el plan de Dios no se hiciera. Es el impacto compuesto de las personas que no hacen su parte lo que ha llevado al mundo a ser el desastre que es hoy.

Si cada persona que leyera este libro transmitiera la sabiduría de Momentos Sagrados a tres personas, el concepto se extendería por todo el mundo a una velocidad vertiginosa. Hay más de un millón de pedidos anticipados de este libro. Veamos las matemáticas de Dios.

1 millón + (1 millón x 3 = 3 millones) = 4 millones

4 millones + (3 millones x 3 = 9 millones) = 13 millones

13 millones + (9 millones x 3 = 27 millones) = 40 millones

40 millones + (27 millones x 3 = 81 millones) = 121 millones

40 millones + (27 millones x 3 = 81 millones) = 121 millones.

121 millones + (81 millones x 3 = 243 millones) = 364 millones. La población actual de Estados Unidos es de 333 personas.

364 millones + (243 millones x 3 = 729 millones) = 1000 millones

1 093 000 000 + (720 000 000 x 3 = 2 187 000 000) = 3300 millones

3 280 000 000 + (2 187 000 000 x 3 = 6 561 000 000) = 10 000 millones = Todos. En todas partes.

Cinco ciclos para compartir la sabiduría de los Momentos Sagrados con cada persona en los Estados Unidos de América. Ocho ciclos para compartir esta sabiduría con todo el mundo.

«Todos los que lean el libro no lo harán», dijo alguien la semana pasada. Lo sé. Pero aquí está lo hermoso. Mucha gente no dejará de hacerlo una vez que comparta la sabiduría de los Momentos Sagrados con tres personas. La alegría que obtenemos al compartirlo con tres personas nos llevará a compartirlo con tres personas más. Cuando veamos cómo impacta a esas personas, querremos compartirlo con todos los que se crucen en su camino.

No olvides visitar HolyMomentsBook.com y solicitar seis ejemplares gratuitos de este libro para regalar a las personas con las que te sientas llamado a compartir este mensaje.

Vamos a centrar nuestra atención en la creación de los Santos Momentos, uno por uno. Es cierto que solo eres un hijo, pero eres capaz de colaborar con Dios para crear miles de Momentos Sagrados útiles, esperanzadores, tiernos y cariñosos que inspirarán a otras personas; pero eres capaz de colaborar con Dios para crear miles de Momentos Sagrados útiles, esperanzadores, tiernos y amorosos que inspirarán a otras personas a hacer lo mismo. Eres un efecto mariposa en ti mismo.

Todo esto desencadenará un inimaginable sentido y propósito en tu vida. El tipo de significado y propósito que muchas personas pasan toda su vida buscando y nunca encuentran.

Así que empieza hoy mismo. Identifica a las tres personas con las que vas a compartir la sabiduría de los Momentos Sagrados. Creo que descubrirás que una vez que hayas compartido esto con las tres, no podrás parar. Y por primera vez en mucho tiempo, tal vez por primera vez en la historia, tu vida destilará significado, y estarás haciendo la contribución que siempre supiste que podías hacer.

DOS CONVERSACIONES

Hace poco tuve dos conversaciones que se han entrelazado en mi mente desde entonces. Alguien comentó de pasada: «El cristianismo es demasiado complicado». Ese mismo día alguien me preguntó: «Si tuvieras que resumir cómo vivir como cristiano en diez palabras o menos, ¿cómo lo harías?».

Desde entonces he estado pensando en esa pregunta. La vida cristiana es bastante sencilla en cierto sentido. Si tuviera que resumirla en diez palabras, diría: fuiste hecho a imagen y semejanza de Dios. ¡Actúa en consecuencia!

Hecho a imagen y semejanza de Dios, tienes una asombrosa capacidad de bondad. La reserva de bondad que hay en ti es enorme. ¿La acumularás o la compartirás? Cuando compartes esta bondad con los demás, la reserva que hay en ti se llena de forma sobrenatural. Es una fuente inagotable.

Ahora es tu momento. Es hora de ser audaz con tu bondad. Es hora de empezar a crear Momentos Sagrados.

Fuiste hecho a imagen y semejanza de Dios. ¡Actúa en consecuencia!

cuarta parte

El Poder De Una Idea

POSIBILIDADES

Todo el mundo decía que no se podía hacer.

Los expertos proclamaban con arrogante certeza que era imposible que un ser humano corriera una milla en menos de 4 minutos. El debate alcanzó su punto álgido en la comunidad de corredores en la década de 1940, cuando el sueco Gunder Hagg corrió una milla en 4:06, luego en 4:04 y después en 4:01. Pero la década de los 40 llegó y pasó sin que nadie rompiera la barrera de los 4 minutos.

El récord de Gunder Hagg permaneció intacto durante nueve largos años, y los expertos en atletismo se mostraron aún más confiados en su afirmación. Creían que el cuerpo humano había alcanzado sus límites, pero un hombre visualizó la posibilidad de romper la barrera.

Roger Banister creía que era posible.

En 1954, mientras ejercía la medicina y cursaba un título superior en Oxford, Banister corrió la milla en 3:59,4. Fue un momento fundamental en el mundo del deporte y Roger Banister se convirtió instantáneamente en una leyenda. Su récord duró solo 46 días. Diez años más tarde, los estudiantes de secundaria rompían la milla en 4 minutos, y el récord mundial actual es de 3:43,13. Desde que Banister rompió la esquiva barrera de los 4 minutos, más de 2.000 personas han corrido millas por debajo de los 4 minutos en competición. Lo que antes se consideraba imposible es ahora rutina.

Hemos explorado el alcance de la mente y el cuerpo humanos. Ahora es el momento de explorar el alcance del alma.

El espíritu humano no ha alcanzado sus límites. Ni siquiera está cerca.

Los Momentos Sagrados pueden parecer imposibles,

pero no lo son. Es hora de convertir los Momentos Sagrados en una rutina.

El ser humano es capaz de cosas increíbles. Tú eres capaz de cosas increíbles. La mayoría de las personas viven y mueren sin siquiera arañar la superficie de su potencial. Puede que hayas explorado tus límites físicos e intelectuales, pero ¿has intentado alguna vez explorar realmente tu capacidad espiritual? Hasta que no lo hagamos, no tendremos ni idea de lo que realmente somos capaces.

Es hora de explorar tu potencial anímico.

EL PODER DE UNA IDEA

Algunas ideas son tan poderosas que el simple hecho de tomar conciencia de ellas cambia nuestra vida para siempre. Los Momentos Sagrados es una de esas ideas.

Una vez que oyes hablar de los Momentos Sagrados, la idea es imposible de olvidar. No puedes dejar de oírla. Crea un cambio de paradigma inmediato. Adondequiera que vayas verás oportunidades de participar en los Momentos Sagrados, verás a otras personas colaborar con Dios para crear Momentos Sagrados, y serás testigo de posibles Momentos Sagrados desperdiciados. Verás Momentos Sagrados durante el resto de tu vida, tanto si haces algo al respecto como si no.

A veces aceptarás la invitación a colaborar con Dios en un Momento Sagrado, y a veces tu pereza, tu postergación o tu egoísmo se apoderarán de ti. En cualquier caso, empezarás a darte cuenta de cómo te sientes en cada caso, y observarás los efectos dominantes —positivos o negativos— que resultan de tus elecciones.

Vivimos en un mundo ahogado en información y desesperado por la sabiduría. La claridad penetrante de los Momentos Sagrados aporta sabiduría y claridad a nuestras vidas. El poder de esta idea hace brillar la luz de la posibilidad en cada momento.

La idea en sí misma, como un vaso de agua helada en el día más caluroso del verano, es refrescantemente práctica. El principio de los Momentos Sagrados no es solo una teoría, es eminentemente práctico. En el momento en que oyes hablar de él por primera vez, inmediatamente empiezas a ver posibilidades de Momentos Sagrados a tu alrededor. Y la idea es tan sencilla y práctica que te permite comenzar inmediatamente a tener un impacto con tu vida de manera profunda y significativa.

Este concepto de expansión del alma es un soplo de aire fresco en un mundo contaminado por tantas ideas y experiencias que disminuyen el alma.

Así que, déjame preguntarte: ¿qué es lo más poderoso en tu vida ahora mismo? Esta idea. En este mismo momento, esta idea de los Momentos Sagrados es la más poderosa en tu vida. Y como observó Víctor Hugo, «Nada es más poderoso que una idea a la que le ha llegado su hora».

Ahora tienes que tomar una decisión. La idea es inmensamente poderosa. ¿La abrazarás o la rechazarás? ¿La vas a probar o la vas a desplegar apasionadamente en tu vida? ¿Permitirás que el concepto de los Momentos Sagrados libere el potencial de tu alma?

A veces me pregunto cuál es la diferencia entre una persona que lee uno de mis libros y tiene una experiencia que le cambia la vida, y un lector que no lo hace. Para algunas personas este libro será un momento decisivo en sus vidas. Para otros será un libro más. Es el mismo libro para ambos lectores. Por lo tanto, tengo que admitir que hay algo especial que ocurre dentro del lector cuya vida cambia.

La elección es tuya.

Esta es la idea. Tú eres la persona. Ahora es el momento.

UN MUNDO LLENO
DE DISTRACCIONES

Todos los padres tienen frases que utilizan una y otra vez. Cuando intento llamar la atención de mis hijos, especialmente en una situación que implica seguridad, me encuentro diciendo: «Concéntrate». Hay algo en el uso de una sola palabra y en la propia palabra que les llama la atención.

Parece que todos necesitamos hacer caso a la

advertencia de centrarnos de vez en cuando. Nuestras vidas han sido invadidas por distracciones, y estas distracciones nos impiden experimentar la vida al máximo.

Es hora de pasar de la distracción al enfoque. Vivir una vida menos distraída es el camino hacia la paz y la felicidad. Pero es imposible decir simplemente que vamos a ignorar los cantos de sirena de las innumerables distracciones que nos acechan día y noche. Necesitamos concentrarnos en algo si queremos ignorar sus constantes y seductoras llamadas.

Las distracciones son el canto de sirena de la cultura. Los orígenes del canto de sirena se encuentran en la mitología griega. Las sirenas eran criaturas, mitad pájaro y mitad mujer, que atraían a los marineros a su destrucción con la dulzura de sus cantos.

Puede que haya más distracciones que nunca, pero las distracciones siempre han supuesto un peligro para la humanidad. Homero escribió sobre esto en su relato épico *La Odisea* ocho siglos antes del nacimiento de Jesús.

Odiseo fue uno de los héroes griegos más influyentes de la guerra de Troya. *La Odisea* es la historia de su búsqueda para volver a casa después de la guerra.

La diosa Circe informó a Odiseo de que las sirenas se sentaban en un prado lleno de cuerpos putrefactos, a la espera de que llegaran los barcos. Cantaban canciones irresistibles para atraer a los hombres a su perdición. Los marineros acercaban sus barcos a la orilla para escuchar las melodías y acababan estrellando sus barcos contra las rocas.

Circe dijo a Odiseo que tapara los oídos de sus hombres con cera, para que no tuvieran la tentación de desviar sus barcos en dirección a las sirenas. Odiseo ordenó además a sus marineros que lo ataran al mástil, y que lo dejaran allí hasta que pasara el peligro, por mucho que él les rogara que lo soltaran.

¿Vives una vida de concentración o de distracción? ¿Qué distracciones han desviado tu vida del camino? ¿Qué distracciones intentan llevarte a la perdición? ¿Crees que una vida de concentración sería más satisfactoria que una vida de distracción?

Como Odiseo, todos necesitamos la advertencia de Circe.

Odiseo se tapó los oídos y se hizo atar al mástil. ¿Qué harás tú para salvarte de la distracción en tu propia odisea?

Las distracciones pueden ser atractivas y seductoras. Pueden ser entretenidas durante un tiempo, pero una vida que salta de una distracción a otra será inevitablemente una vida vacía y sin sentido. Esta tragedia es demasiado común. No dejes que esa sea tu historia.

No es demasiado tarde para trazar un nuevo rumbo. No es demasiado tarde para dejar de lado todas las distracciones triviales y darle un enfoque significativo a tu vida. Permite que el principio de los Momentos Sagrados te guíe en cada momento a partir de hoy, y pronto te encontrarás navegando hacia el más bello atardecer de tu vida con el viento a tu espalda.

Émile Coué, el psicólogo francés, es famoso por el mantra: «Día tras día, en todos los aspectos de mi vida, me va mejor». De niño tuve un profesor que nos animaba a repetírnoslo cuando teníamos problemas académicos o deportivos.

Mucha gente desprecia estas técnicas y, sin embargo, es impresionante lo poderosas que pueden ser en nuestras vidas. La mente es una herramienta poderosa.

Ahora la estoy imaginando de nuevo: «Día tras día, en todos los sentidos de mi vida, estoy creando más y más Momentos Sagrados».

Dilo para ti mismo una y otra vez. Úsalo para concentrarte. Entrena tu corazón, tu mente y tu alma para buscar oportunidades de colaborar con Dios y crear Momentos Sagrados dondequiera que vayas.

NUNCA TE DESANIMES

«Nunca te desanimes», solía decir. Pero luego me di cuenta de que todos nos desanimamos de vez en cuando, y eso está bien. Por la razón que sea, forma parte del viaje.

Ahora, cuando me encuentro con personas que intentan hacer el bien en este mundo, siempre les dejo estas palabras: «Nunca te desanimes. Te desanimarás, así es la vida, parte de la humanidad, viene con la historia de tratar de hacer el bien en este mundo. Pero la gente necesita desesperadamente lo que haces, así que nunca te desanimes por mucho tiempo».

Tenía diecinueve años cuando empecé a hablar y escribir. Cómo sucedió todo me resulta desconcertante cuando miro hacia atrás. Crecí en Australia y, antes de mi primer viaje a Europa, mi mentor espiritual me llevó a un lado un día y me dijo: «Prométeme que nunca olvidarás lo que voy a decirte. Solo verás menos del uno por ciento del impacto que tienes en la vida de las personas. Reflexiona sobre ello cada vez que te sientas desanimado».

La razón por la que comparto esto contigo es porque yo mismo me desanimo a veces, y sé que tú también te desanimarás a veces. Mi propio desánimo me ha enseñado a no perder nunca la oportunidad de animar a los demás.

En tu búsqueda por llenar tu vida de Momentos Sagrados encontrarás escépticos, cínicos, críticos, personas que te odian sin razón. Otros hablarán de ti, y algunos te atacarán maliciosamente de maneras que nunca imaginaste. Lo sé porque esto me ha sucedido a mí, y he sido testigo de que le ha sucedido a muchos otros. Te lo digo porque no quiero que esto te sorprenda.

Solo ten en cuenta que siempre ha habido una batalla entre el bien y el mal en este mundo. Lo mejor es que te pongas en el lado correcto de esa batalla. Pero incluso cuando las cosas parezcan oscuras, incluso cuando estés desanimado, no dejes que el desánimo te posea. Encuentra una manera de exorcizar tu desánimo diariamente.

He descubierto que el desánimo es un demonio que necesita ser expulsado de nuestras vidas con inspiración. Necesito una dosis diaria de inspiración: libros, películas, música, citas, amigos, familia, historia, oración, reflexión, meditación y risa, siempre risa. Encuentra la inspiración que necesitas y bebe de esas aguas cada día.

Te desanimarás, pero no te desanimes. Descansa

si lo necesitas, tómate un respiro por todos los medios, busca inspiración, recuerda que no estás solo en esto, y luego, ¡sigue adelante!

Decide aquí y ahora, hoy, que harás tu pequeña parte para traer más Momentos Sagrados a este mundo. Repítete una y otra vez: «No dejaré mi parte sin hacer».

Persevera cuando la gente te critique. Persevera cuando los demonios de tu pasado intenten atraerte de nuevo a su oscuridad. Persevera cuando tu crítico interior intente hacerte sentir que no eres digno. Todos necesitamos lo que no merecemos, y Dios se complace en dárnoslo.

Es posible que puedas hacer muy poco, eso está bien, persiste en hacer lo poco que puedes hacer. Hay una gran satisfacción en la persistencia. Es difícil de describir. Pero después de hacer algo que vale la pena durante muchos años, persistiendo en ello pase lo que pase, se experimenta un delicioso placer solo por saber que se ha persistido en los buenos y en los malos momentos.

No se puede lograr nada importante sin perseverancia. «Nada en este mundo puede sustituir a la perseverancia. El talento no lo hará; nada es más común que los hombres con talento que no tienen éxito. El genio no lo hará; el genio no recompensado es casi un proverbio. La educación no lo hará; el mundo está lleno de inútiles educados. Solo la persistencia y la determinación son omnipotentes. El eslogan «¡Adelante!» ha resuelto y siempre resolverá los problemas de la raza humana», fue la observación de Calvin Coolidge.

Así que, ¡sigue adelante! Un Momento Sagrado a la vez.

SÉ AUDAZ

¿Qué vas a hacer con el resto de tu vida? Lo sé, ya te lo pregunté antes, pero ya has tenido más tiempo para considerar las cosas.

Todos nos enfrentamos, tarde o temprano, a dos de las preguntas por excelencia de la vida: ¿estás satisfecho con tu vida? ¿Estás satisfecho con la dirección en la que se mueve el mundo?

El simple hecho de que surjan las preguntas suele ser un sólido indicio de que estamos insatisfechos con ambas cosas en algún grado. Es hora de escuchar esa insatisfacción. No la apartes como a una mosca molesta. Profundiza en tu insatisfacción. Es un profundo mensajero que viene a revelar tu futuro.

«Sé audaz y poderosas fuerzas vendrán en tu ayuda», fue la observación de Goethe. La audacia es algo hermoso. Cuando vemos la audacia viva en otra persona es increíblemente atractiva. Hay poder en la audacia. El poder de explorar nuevas posibilidades y el poder de desatascarse.

Es hora de ir más allá de nuestra timidez y participar con audacia en cada momento de la vida.

La audacia requiere una única y clara prioridad. La audacia es una sola cosa. No se pueden perseguir muchas cosas con audacia, eso es una imprudencia, y nunca se deben confundir ambas cosas.

Con demasiada frecuencia somos audaces cuando deberíamos ser tímidos, y tímidos cuando deberíamos ser audaces.

Los Momentos Sagrados requieren audacia.

El mundo necesita una efusión masiva de bondad. Necesita el tónico curativo de la bondad que liberan los Momentos Sagrados. Pero la cultura se resiste a la bondad, así que para desatar el maremoto de bondad necesario para sanar la cultura, tenemos que ser audaces.

Cuando tengas miedo, crea confianza y toma impulso con un pequeño Momento Sagrado cada vez. Puedes hacer cosas pequeñas con audacia, y la audacia es compatible con la paciencia. El ímpetu crecerá lo suficientemente rápido. Y una vez que tus esfuerzos por crear Momentos Sagrados cobren un poco de impulso, parecerán audaces e imparables para los demás, pero tú sabrás que eran pequeños y frágiles cuando comenzaron.

«Sé audaz y fuerzas poderosas vendrán en tu ayuda». Es hora de despertar la grandeza del espíritu humano dentro de ti. Y nada despertará la grandeza que Dios ha puesto dentro de ti como los Momentos Sagrados.

Fuiste hecho a imagen y semejanza de Dios. ¡Actúa en consecuencia!

Jesús contó una parábola que ha sido una estrella guía para mí durante los últimos treinta años. La parábola trata de un agricultor que sale a sembrar en su campo. Siembra su semilla con audacia y generosidad.

Una parte de la semilla cae en el camino, otra en la tierra rocosa poco profunda, otra entre las espinas, pero otra cae en la tierra más fértil y produce una cosecha abundante. La cosecha es treinta, sesenta y cien veces lo que se sembró.

Los Momentos Sagrados tienen ese tipo de rendimientos.

El peligro es pensar demasiado y complicar nuestros esfuerzos. Durante mucho tiempo, pensé que los diferentes tipos de tierra eran personas diferentes. Pero con el tiempo, he crecido en conciencia y me he vuelto menos crítico. La verdad es que el corazón de la mayoría de las personas tiene un poco de cada tipo de suelo. Cada uno de nosotros tiene la capacidad de hacer un gran bien y un gran mal. Podemos elegir.

Cuando miro hacia atrás en mi vida, veo que muchas personas sembraron generosamente la bondad en mi corazón. Llenaron mi vida de Momentos Sagrados. Muchos de ellos probablemente pensaron que habían perdido su tiempo conmigo, pero aquí estoy, y no estaría aquí hoy, si no fuera por su generosidad. Soy parte de su efecto mariposa, aunque la mayoría de ellos no son conscientes de ello. Tú también te estás beneficiando de sus Momentos Sagrados, aunque nunca los conozcas.

Hay muchos críticos en mi vida. Nunca imaginé que pudiera tener tantos críticos en un esfuerzo por hacer el bien. Fui ingenuo. Y me desanimo. Pero por alguna gracia he aprendido a encontrar la inspiración allá donde voy.

Además, consideremos las otras opciones. ¿Debo ceder ante los cínicos, los escépticos y los críticos, y ante el egoísmo, la desesperanza y el odio que propagan por todas partes?

No lo haré. Cada época tiene tiranos, y cada uno de nosotros tiene que decidir si se enfrenta a ellos o se acobarda. La falta de sentido y la desesperanza son dos de los tiranos que atormentan a las personas de esta época. Perpetúan la locura que se ha apoderado de tantas personas. Pueden parecer abrumadores, incluso invencibles, pero no perderé la esperanza porque sé que no lo son.

Mis razones son muy simples. Cada Momento Sagrado ofrece a alguien un camino para salir de la locura y demuestra la belleza de lo que es posible. Los Momentos Sagrados tienen el poder de poner fin a las tiranías del sinsentido y la desesperanza. Los Momentos Sagrados tienen el poder de liberar a las personas del sinsentido y la desesperanza para que vivan vidas ricas y llenas de propósito. Las críticas se olvidan rápidamente. Y simplemente me niego a subestimar a Dios.

Entonces, ¿qué voy a hacer?

Voy a seguir adelante. Voy a seguir sembrando los Momentos Sagrados a mi manera imperfecta, adondequiera que vaya, con cada persona que conozca, cada vez que tenga la oportunidad, recordándome a diario que ¡el Mesías está realmente entre nosotros!

Los críticos dirán «pero tantas semillas no caen en tierra fértil». Tienen razón, pero no entienden la cuestión, porque nunca se sabe en qué corazón caerá el siguiente puñado de semillas. Y nunca se sabe lo que esa persona hará con su vida. Así que voy a seguir sembrando, generosamente.

La última pregunta es: ¿qué vas a hacer tú?

Si me permites hacerte una recomendación: ¡haz tu parte! Empieza a sembrar Momentos Sagrados adondequiera que vayas. Únete a mí. Únete a otros. Forma parte de un movimiento de base que está cambiando vidas y transformando el mundo, un Momento Sagrado cada vez.

Haz lo que puedas, donde estés, con lo que tengas... y confía en que otros, cientos de ellos, miles de ellos, en cada pueblo, suburbio, aldea y ciudad de estos Estados Unidos (y de todo el mundo) harán también lo que puedan. Y juntos desencadenaremos una fuerza de bondad tal que la gente se maravillará y se preguntará cómo ha sucedido.

Tus Momentos Sagrados pueden tener un enorme impacto.

Así que, ¡haz tu parte! Cuando la gente hace su parte, ocurren milagros. Yo he visto estos milagros. Un asombroso efecto dominó se pone en marcha cuando las personas simplemente deciden de una vez por todas hacer su parte.

El movimiento Momentos Sagrados que está surgiendo es un ejemplo perfecto. «¿Cómo ha ocurrido todo esto?», preguntará la gente. «Es un milagro», dirán otros. Y tendrán razón. Pero es un tipo de milagro muy específico. Es el tipo de milagro que está garantizado cuando un grupo de personas se reúnen, deciden que ya es suficiente, y se comprometen a hacer su parte.

Así que decide hoy, de una vez por todas, que cada día del resto de tu vida tendrá un impacto positivo. Decide ser la diferencia que marca la diferencia. Decide que tu parte, por pequeña que sea, no se quedará sin hacer. Decide encender una vela en lugar de maldecir la oscuridad. Decide colaborar con Dios para crear Momentos Sagrados. Y decide compartir la sabiduría de los Momentos Sagrados tanto y tan lejos como sea posible.

Y hazlo con audacia.

Espero que hayas disfrutado

momentos sagrados

Es un privilegio escribir para ti.
Espero que te haya alimentado
en la forma en que necesitabas ser
alimentado en este momento de tu vida.

Matthew Kelly

Acerca Del Autor

MATTHEW KELLY es un autor superventas, conferenciante, líder de opinión, empresario, consultor, líder espiritual e innovador.

Ha dedicado su vida a ayudar a las personas y a las organizaciones a convertirse en la mejor versión de sí mismas. Nacido en Sídney (Australia), empezó a hablar y escribir al final de su adolescencia, mientras asistía a la escuela de negocios. Desde entonces, cinco millones de personas han asistido a sus seminarios y presentaciones en más de 50 países.

En la actualidad, Kelly es un conferenciante, autor y consultor empresarial de renombre internacional. Sus libros se han publicado en más de 30 idiomas, han aparecido en las listas de los más vendidos del New York Times, Wall Street Journal y USA Today, y han vendido más de 50 millones de ejemplares.

Suscríbete al
canal de YouTube de Matthew

 YouTube

www.youtube.com/matthewkellyauthor

Visita **MatthewKelly.com** para
ver su Blog y mucho más.